In Afghanistan und überall auf der Welt riskieren unsere Soldaten Tag für Tag ihr Leben. Wieder heimgekehrt, treffen sie mit ihren Erlebnissen oft auf Desinteresse, Unverständnis und manchmal auch auf offene Ablehnung. Jetzt endlich melden sie sich zu Wort und erzählen der ehemaligen Bundeswehrärztin Heike Groos ihre Geschichten. Erstmals, direkt und ungefiltert, berichten sie von dem, was sie nicht mehr loslässt: von Bildern des Krieges, die sie nicht vergessen, und vom Leben nach dem Einsatz, in das viele nicht mehr zurückfinden können.

Heike Groos erlebte 2003 in Afghanistan einen Selbstmordanschlag in Kabul, bei dem vier deutsche Soldaten getötet wurden. In ihrem Buch »Ein schöner Tag zum Sterben« schildert sie als erste deutsche Soldatin, welche schwerwiegenden Auswirkungen dieses Erlebnis auf sie hatte. Durch ihren offenen und ehrlichen Umgang mit der eigenen Traumatisierung brach sie unter ihren Kameraden das Schweigen. Sie wurde zum Sprachrohr und zur Vertrauten der Soldaten.

Heike Groos, geboren 1960 in Gießen, verpflichtete sich nach dem Studium der Humanmedizin als Zeitsoldatin bei der Bundeswehr. Danach arbeitete sie als selbständige Notärztin und Allgemeinmedizinerin und zog fünf Kinder groß. Mit Beginn des Afghanistan-Einsatzes 2001 wurde sie erneut von der Bundeswehr rekrutiert und verbrachte insgesamt zwei Jahre als Oberstabsärztin in Afghanistan.
www.heikegroos.de

Unsere Adresse im Internet: www.fischerverlage.de

Heike Groos

»Das ist auch euer Krieg!«

Deutsche Soldaten berichten
von ihren Einsätzen

Fischer Taschenbuch Verlag

Veröffentlicht im Fischer Taschenbuch Verlag,
einem Unternehmen der S. Fischer Verlag GmbH,
Frankfurt am Main, November 2011

© S. Fischer Verlag GmbH, Frankfurt am Main 2011
Druck und Bindung: Druckerei C. H. Beck, Nördlingen
Printed in Germany
ISBN 978-3-596-18892-5

Inhalt

Roger Willemsen: Vorwort   7

Theodor Fontane: Das Trauerspiel von Afghanistan   11

Brief eines Oberstabsarztes: Sie wollen Hilfe bringen,
und sie sterben   13

Heike Groos: Was haben wir bewirkt? Warum dieses Buch
notwendig ist   15

Matthias Hüfler: Eine großangelegte Operation   34

Daniel Süßner: »Nicht, dass du jetzt in den Krieg musst!«   44

Andrea Beljo: Heute leben wir von unseren Erinnerungen   56

Clemens Konitz: Polizeiausbildung in Afghanistan   66

Jürgen Heiducoff: Begegnungen, Erlebnisse, Gedanken   82

Markus Mielke: Ein Abenteuer, verbunden mit
etwas Gutem   98

Sven Dirks: Idealismus ist ja schön   110

Mirko Guzvic: Allein mit den eigenen Gedanken   118

Katrin Fiedler-Macht: Emotionaler Ausnahmezustand   124

Kerstin Laszkowski: Körperliche und seelische Unversehrtheit
Beobachtungen einer Mutter   132

Yves Laszkowski: Meine Zeit nach dem Auslandseinsatz 137

Margot Hellwig: Eine Begegnung und eine Erinnerung 144

Jan Hackstein: Der verantwortungsbewusste Soldat 148

Christian Neumann: Bewaffneter Konflikt und
humanitärer Auftrag 158

Matthew P. Hoh: US-Diplomat kündigt
»Ich habe kein Verständnis mehr« 164

Karsta Peters: Gedanken und Ängste einer Mutter 170

Marco Helmer: Mein Einsatz im Kosovo 176

Heike Groos: Ein Krieg, der offiziell keiner ist
Nachbemerkung 187

Brief einer Soldatin: Es muss irgendwie weitergehen 204

Roger Willemsen
Vorwort

Ist dies auch unser Krieg? Ist ein Krieg, der acht Jahre lang nicht so genannt werden durfte, beschlossen von einer Regierung, die ich nicht gewählt habe, geführt unter falschen Voraussetzungen und mit Hilfe falscher Informationen, durchgesetzt gegen die Mehrheit des Volkes in Deutschland und Afghanistan – ist dies mein Krieg? Ja, denn an den Folgen dieses Krieges haben alle zu tragen und werden sie weiter zu tragen haben: Zivilisten und Soldaten, heimische und fremde, Kriegsbefürworter und -gegner.

Nur in einem sind sich alle Parteien und Gruppen, Mitwirkende wie Schaulustige, einig: Dieser Krieg kann nicht gewonnen werden. Man schickt also Soldaten in einen vermeintlichen Verteidigungskrieg, gibt ihn, seinem militärischen Ziel nach, bald verloren, hat keine Perspektive mehr auf das, was dort zu retten wäre, diskutiert statt dessen offen ein rasches Ausstiegsszenario, hält nach acht Jahren eine Afghanistan-Konferenz ab und kommt hervor mit dem Satz: »Neu ist, wir haben ein Ziel.« Also sprach Innenminister Thomas de Maizière, und der zuvor verantwortliche, geschasste Verteidigungsminister Franz-Josef Jung kommentiert: »Und das Schlimme ist: Er hat ja recht.« Bis zum Beginn des Ausstiegs in zwei Jahren soll nun geschafft werden, was acht Jahre lang nicht gelang? Und was in aller Welt wäre neu an diesen Zielen, die vor acht Jahren schon einmal ganz gleich lauteten: Polizeiausbildung, Aufbau ziviler Strukturen, humanitäre Hilfe etc.?

Acht Jahre hochgerüsteter Ziellosigkeit, das sind acht Jahre, in denen die Bundeswehr am Hindukusch zunächst genau diesen zivilen Aufbau unterstützte und zur Schaffung einer nicht-militärischen Infrastruktur beitrug. Als ich die Bundeswehr in Afghanistan besuchte, erlebte ich kulturell hochinteressierte, mit den Landessitten bestens vertraute und in dieser Hinsicht den amerikanischen Soldaten weit überlegene Angehörige der Truppe, die große Sympathie im Volk besaßen. Das ist drei Jahre her, aber wie es scheint, schon viel länger passé.

Später trat ich auf Einladung der Bundeswehr auch auf dem Stützpunkt in Erding auf, um das Bild eines Landes zu vermitteln, das ich anders erlebt hatte, als die Zeitungswirklichkeit es überwiegend propagiert. Das zur Hälfte aus Soldaten, zur Hälfte aus Angehörigen und Interessierten zusammengesetzte Publikum war selbstloser als erwartet, weniger strategisch als vielmehr humanitär interessiert. Es gab offene Kritik an der Militarisierung des Konflikts und an Tendenzen, sich in die militärischen Operationen im Süden des Landes verwickeln zu lassen. Schließlich hatte man sich nach den Afghanistan-Bombardierungen im Herbst 2001 vor allem dem Wiederaufbau verpflichtet.

Es sind diese acht Jahre seither auch Jahre, in denen man nach und nach die ISAF-Mission aufgab, sich die militärischen Ziele der US-amerikanischen »Enduring Freedom«-Mission zu eigen machte, immer mehr schweres Gerät benötigte, immer mehr Tote, Verletzte, Traumatisierte, Hinterbliebene zählte, Jahre, in denen die Aufbauhilfe der Selbst-Verschanzung in den Stützpunkten wich, Jahre, in denen man irrtümlich Schulen, Krankenhäuser, Hochzeiten und Feste bombardierte, Hunderte an zivilen Toten in Kauf nahm, eigene Verbündete im »friendly fire« tötete, und es zuließ, dass man nicht länger als Freund, sondern als Feind, als Besatzer gesehen wurde. Ungezählt die Feinde Deutschlands und der Bundeswehr, die hier entstanden, und die den Glaubenssatz ad absurdum führen, unsere Welt sei durch den deutschen Einsatz in Afghanistan sicherer geworden.

Die Angehörigen der Bundeswehr haben diesen Prozess im Wortsinn an vorderster Front mitgemacht. Sie haben erfahren, wie die Orientierungslosigkeit der Politik ihr eigenes Leben gefährdete. Der Verteidigungsminister hat Kindermund bemüht, um das Herz im Busen für sie zu melken. Man hat sie zu »Helden« verkitscht, posthum dekoriert und Staatsbegräbnisse angesetzt. Wohlfeile, weil unverbindliche Rituale. Zugleich hat man nämlich die Versehrten und Kriegstraumatisierten im Stich gelassen und den Angehörigen der zivilen Opfer in Afghanistan unter fadenscheinigen Vorwänden bis jetzt die Kompensation verweigert.

Soldaten sind gehalten, keine politische Meinung zu artikulieren, sondern ihren »Job« zu machen. Sie werden nicht gefragt, wie sie zur Afghanistan-Mission der Bundesregierung stehen. Es gehört zu ihrer Berufsbeschreibung, zu handeln, ohne Fragen zu stellen. Aber sie machen Erfahrungen, sie sind sachverständig, sie kennen den Krieg, wie niemand ihn kennt, und sie kennen auch die Realität hinter der politischen Rhetorik, samt der Erfahrung, im Stich gelassen zu werden – und nicht das Volk, das diesen Krieg nicht will, lässt sie de facto im Stich, sondern eine Politik, die diesen Krieg will und ihn auf dem Rücken der Soldaten führt.

Man muss nicht verleugnen, dass nicht wenige Soldaten aus finanziellen Gründen in den Afghanistan-Einsatz gegangen sind, und man muss auch nicht verschweigen, dass noch kein Staatsvertreter am Grab eines zivilen Aufbauhelfers getrauert hat. Dass aber Soldaten unter fragwürdigen Voraussetzungen, mit irreführenden Angaben, mangelhaft ausgerüstet und mit der Aussicht auf dürftige oder fehlende Nachbetreuung in einen Krieg geschickt werden, der aus verfassungsrechtlichen Gründen ein »Verteidigungskrieg« genannt werden muss, ist schändlich, ist unverantwortlich und verlangt danach, dass die Öffentlichkeit aus dem Munde der Soldaten selbst erfährt, wie es um die Wirklichkeit des Kriegs in Afghanistan steht. Lange genug hat man sich mit hohler »Unsere-Jungs-Rhetorik« einer Vereinnahmung der Truppe für fragwürdige politische Zwecke schuldig gemacht. Es ist höchste Zeit, die Soldaten selbst zu hören. Hier sind ihre Stimmen.

Theodor Fontane
Das Trauerspiel von Afghanistan

Der Schnee leis stäubend vom Himmel fällt,
Ein Reiter vor Dschellalabad hält,
»Wer da!« – »Ein britischer Reitersmann,
Bringe Botschaft aus Afghanistan.«

Afghanistan! Er sprach es so matt;
Es umdrängt den Reiter die halbe Stadt,
Sir Robert Sale, der Kommandant,
Hebt ihn vom Rosse mit eigener Hand.

Sie führen ins steinerne Wachthaus ihn,
Sie setzen ihn nieder an den Kamin,
Wie wärmt ihn das Feuer, wie labt ihn das Licht,
Er atmet hoch auf und dankt und spricht:

»Wir waren dreizehntausend Mann,
Von Kabul unser Zug begann,
Soldaten, Führer, Weib und Kind,
Erstarrt, erschlagen, verraten sind.

Zersprengt ist unser ganzes Heer,
Was lebt, irrt draußen in Nacht umher,
Mir hat ein Gott die Rettung gegönnt,
Seht zu, ob den Rest ihr retten könnt.«

Sir Robert stieg auf den Festungswall,
Offiziere, Soldaten folgten ihm all',
Sir Robert sprach: »Der Schnee fällt dicht,
Die uns suchen, sie können uns finden nicht.

Sie irren wie Blinde und sind uns so nah,
So lasst sie's hören, dass wir da,
Stimmt an ein Lied von Heimat und Haus,
Trompeter, blast in die Nacht hinaus!«

Da huben sie an und sie wurden's nicht müd',
Durch die Nacht hin klang es Lied um Lied,
Erst englische Lieder mit fröhlichem Klang,
Dann Hochlandslieder wie Klagegesang.

Sie bliesen die Nacht und über den Tag,
Laut, wie nur die Liebe rufen mag,
Sie bliesen – es kam die zweite Nacht,
Umsonst, dass ihr ruft, umsonst, dass ihr wacht.

»Die hören sollen, sie hören nicht mehr,
Vernichtet ist das ganze Heer,
Mit dreizehntausend der Zug begann,
Einer kam heim aus Afghanistan.«

(1859)

Sie wollen Hilfe bringen, und sie sterben

Liebe Heike,
ich habe mir für Dein Buch ein paar Gedanken gemacht. Vielleicht kannst Du sie verwenden.

Es war kein guter Tag zum Sterben. Die Sonne schien hell, und es war sehr warm an jenem Pfingstsamstag 2003. Der Alltag im Feldlazarett im Camp Warehouse in Kabul hatte ruhig begonnen, fast wie zu Hause, es war Wochenende. Und wer wollte an so einem Tag auch krank sein. Die Stille wurde jäh von einer Meldung gestört, die uns aus der Ruhe der vergangenen Wochen riss: Anschlag auf einen ISAF-Bus, über 30 Verletzte, Zahl der Toten unklar. Die Vorbereitungen zur Aufnahme und Behandlung der Verwundeten wurden getroffen, neben den Ärzten des Feldlazaretts fanden sich viele weitere Ärzte ein. Aufgaben wurden besprochen und Verbandsmaterial, Infusionen aus den Lagerbeständen herangeholt und verteilt. Die Telefonverbindungen in die Heimat wurden eingestellt. Routine, hieß es.

Dann kam das erste gepanzerte Sanitätsfahrzeug und brachte den ersten Schwerverwundeten. Er trug die gleiche Uniform wie ich, wie die meisten von uns, die kleine schwarzrotgoldene Flagge war nur rot, und in einem Hosenbein fehlte das Bein, das Gesicht, in das ich sah, war nicht mehr vorhanden, es steckte ein Schlauch zur Beatmung in dem, was einmal ein Mund gewesen war. Die nachfolgenden Fahrzeuge spien aus ihren eisernen Mündern weitere Verwundete aus, mit blutigen Bandagen, verstörten Gesichtern.

Ein kleiner Afghane in schmutziger graubrauner Kleidung war auch dabei, auch er war von der Detonation der Bombe erfasst worden, auch ihm wollten wir helfen. Und er starb, umgeben von Menschen, die seinem Land Hilfe bringen wollten und nun hier verwundet lagen und mit ihm starben. In den Gängen, den Behandlungsräumen und auf den Tragen färbte ihr Blut die weißen Bandagen, draußen tauchte eine klare Sonne am Mittagshimmel das Lager in freundliche Farben, und die Berge in der Ferne schienen so nah wie der Himmel.

Und es war kein guter Tag zum Sterben, er ist es nie.

Liebe Heike, diese persönlichen Gedanken sollen keinesfalls Deinen Buchtitel konterkarieren. Meine Zeit hier in Afghanistan geht dem Ende entgegen, es gibt kein weinendes und kein lachendes Auge. Es gibt einen Schluss und ein Weiterleben in der alten Welt.

Lebe in Deiner und werde heil.

Gottes Segen für Dich und Deine Familie im neuen Jahr 2010.

Dein ...

Heike Groos

Was haben wir bewirkt?
Warum dieses Buch notwendig ist

Ich habe neulich mit Blackburn gesprochen, und er hat mich gefragt:
»Was haben wir bewirkt, warum gehen wir nach Hause?«
Ich habe gesagt: »Gar nichts.«
Aber das stimmt nicht. Ich glaube, es hat sich alles geändert.
Zumindest habe ich mich geändert.

Eversmann zu seinem toten Freund in der
Leichenhalle in Mogadischu, Somalia
Aus dem Film Black Hawk Down

Neuseeland, Januar 2010

Es gibt Situationen, in denen kann man sich einfach nur betrinken, muss sich betrinken, man muss das Gehirn ausschalten, die
Festplatte löschen und neu formatieren, wie wir bei der Bundeswehr immer gesagt haben. Da hält man es einfach nicht mehr aus
und weiß sich keinen anderen Rat.

So ein Abend war gestern. Ich war von der Spätschicht in
der Notaufnahme nach Hause gekommen. Es war kein schöner
Dienst gewesen, eine schwangere Frau hatte ihr Kind verloren,
zur ungünstigsten Zeit während der Schwangerschaft. Das Baby
war schon so groß, dass sie fühlte, wie es sich bewegte, aber doch
noch zu klein, um außerhalb des Mutterleibs überleben zu können. Ich hatte sie untersucht und sofort gewusst, hier gibt es keine
Hilfe mehr, ihr Kind wird sterben, und auch wenn es ihr viertes
war, so war es doch so traurig, so endgültig und unabwendbar,
dass es kaum zu ertragen war. Für sie natürlich nicht, und für
mich nicht, weil es nichts gab, das ich tun konnte, außer ihr meine

Hand zu reichen, die sie nicht nahm, weil sie sich diesen Anflug von Nachgeben und Schwäche nicht leisten zu können schien. So versuchte ich, sachlich zu bleiben und bei meinen Aufgaben, was schwer war.

Ich untersuchte sie und fühlte das kleine Köpfchen an meinem Finger, es war warm und fest, und ich meinte sogar, kleine Härchen zu spüren, obwohl ich wusste, dass das eigentlich nicht sein konnte. Die Fruchtblase war gesprungen, der Muttermund bereits sieben Zentimeter geöffnet, die Geburt war in vollem Gange, nichts auf der Welt würde dieses kleine Lebewesen im Mutterleib zurückhalten und selbst wenn, würde es nicht überleben, sämtliches Fruchtwasser war abgegangen, es hatte dort keinen Lebensraum mehr. Einmal geboren, würde das Baby nicht lebensfähig sein, nicht mit allen Mitteln der modernen Technik, es war einfach zu klein und unreif. Unserer Menschenmedizin sind Grenzen gesetzt, und allen Beatmungsgeräten und Medikamenten auch.

Und doch konnten wir beide, seine Mutter und ich, fühlen, dass es lebte. Wie es mit den Beinchen strampelte und zappelte, und später im Ultraschall konnten wir sogar sehen, wie das kleine Herz schlug. Es schlug mit einer Frequenz von einhundertundfünfzig in der Minute, was, wie ich sehr wohl wusste, normal war, aber es sah so schnell aus und fühlte sich an, als ob es mit aller Kraft kämpfte und sich wehrte und vielleicht sogar so, als habe es Angst. Ich merkte, dass ich zu projizieren begann, schob die Gedanken beiseite und versuchte, mich zusammenzunehmen. Ich sagte ihr, was ich sagen musste, dass sie das Baby auf die Welt bringen, den Fötus ausstoßen musste, und dass er dann sterben würde. Erst als ich zu Hause war, fiel mir ein, dass wir nicht nachgesehen hatten, ob es ein Junge oder Mädchen gewesen war.

Ich hatte sie in der Obhut des Gynäkologen und der Hebamme zurückgelassen. Sie war Maori, und ich glaube nicht, dass es das weiße Kopfkissen und die weißen Laken waren, die ihre von Natur aus olivfarbene Haut unter dem schwarzen Haar so durchscheinend aussehen ließen. Ihre Gesichtszüge blieben unbewegt, nur die Augen waren dunkel und ließen keine Tränen durch. Ich wusste, dass sie mit der Hebamme allein bleiben würde. Der Arzt würde nach Hause gehen, wie es in diesem Land Sitte ist, und auch ihr Mann konnte nicht bei ihr sein, er musste zu Hause auf die drei anderen kleinen Kinder aufpassen, sie hatten sonst niemanden.

Ich war nach Hause gefahren, hatte mir ein Glas Rotwein eingeschenkt und meine E-Mails aufgerufen. Es gab wieder neue, so wie ich sie jeden Tag erhalten habe, jeden einzelnen Tag seit der Veröffentlichung meines Buchs »Ein schöner Tag zum Sterben«.

So viele Schreiben von so vielen Menschen. Ehemalige Kameraden, aber auch Soldaten, die ich nicht kannte, Ehefrauen, Freundinnen, Mütter von Soldaten schreiben mir, und jeder einzelne Brief freut mich von Herzen, bedeutet es doch, dass ich mit meiner Wahrnehmung nicht allein bin. Sie alle sagen mir, dass sie sich in der einen oder anderen Weise in meinem Buch wiedergefunden haben, dass es ihnen half, sich selbst oder einen Menschen, der ihnen lieb und teuer ist, besser zu verstehen, und sie danken mir auch dafür, dass ich es wagte, mit diesem Thema an die Öffentlichkeit zu gehen, und machen mir Mut.

Viele von ihnen erzählen mir ihre eigene Geschichte, und, obwohl mich auch das freut und ehrt, auf einmal sitze ich auch mit in ihrem Boot. Ich leide mit ihnen und ärgere mich mit ihnen. Manchmal sind die Geschichten von solcher Art, dass ich Zweifel habe, würde man sie veröffentlichen, ob sie jemand glaubt. Ich hingegen weiß, dass sie wahr sind. Ich weiß, welch haarsträubende Dinge sich in den Auslandseinsätzen ereignen und wie sehr man gerade mit den schlimmsten Geschichten alleine bleibt, eben weil es niemand glauben kann.

Ich selbst habe in meinem Buch auf die meisten solcher Geschichten verzichtet. Ich wollte, dass man mir glaubt, und ich wollte auch kein Nestbeschmutzer sein. Ich wollte nicht die Hand beißen, die mich gefüttert hatte.

Ein Freund von mir kannte Lothar-Günther Buchheim, der, als er »Das Boot« schrieb, einmal zu ihm gesagt hatte, er habe ungefähr neunzig Prozent dessen, was er wusste, weggelassen. Weil er wollte, dass man ihm Glauben schenkt. Und so dachte ich immer, was einem Buchheim recht ist, kann mir nur billig sein. Ob die Anekdote nun der Wahrheit entsprach oder nicht, mir schien es ein kluger Gedanke zu sein.

Als ich nun die E-Mails dieses Abends las, hatte ich endgültig genug von diesem Tag. Da war eine Geschichte eines Soldaten, der beschrieb, wie sie im Rahmen von ISAF bei Nacht-und-Nebel-Aktionen mit KSK-Soldaten, die offiziell gar nicht da waren, Munitionslager überfielen, was in jedem Fall über das politische Mandat hinausging, und dass er nie hatte darüber reden dürfen, weil es ja geheim war. Er wollte nicht einmal sagen, wer ihm das eigentlich verboten hatte, weil er dann ja preisgegeben hätte, wer es ihm befohlen hatte. Jetzt hielt er den Druck nicht mehr aus, und ich wusste, dass ihm ohnehin keiner glauben würde. Ich überlegte selbst kurz, ob er nicht vielleicht doch psychotisch geworden war oder zumindest Wahrnehmungsstörungen hatte, und so trank ich noch ein Glas Wein. Ich konnte nicht glauben, was ich da gerade gelesen hatte, und mit dieser Mail und der traurigen Fehlgeburt bei der Arbeit war das Fass nun einfach voll, und so genoss ich das zweite Glas nicht, sondern schüttete es hinunter.

Zum Glück war ein Freund zu Gast. Wenn man als Deutscher in Neuseeland lebt und dann noch direkt am Strand, hat man eigentlich immer Freunde zu Gast. Ein kluger, gebildeter Mann, er war loyal und war auch einmal Soldat gewesen, und er hatte durchaus nichts dagegen, dass wir uns gemeinsam betranken. Wir begruben den klugen Gedanken des Herrn Buchheim und fragten uns, ob man Frau Merkel nicht einfach wegen Hochverrat anklagen könnte wegen all der Dinge, die in den Auslandseinsätzen geschehen und die geeignet erscheinen, die innere Sicherheit und die verfassungsmäßige Ordnung unseres Staates zu zerstören. Auch eine Anklage wegen Landesverrat erschien uns gerechtfertigt, gerade die äußere Sicherheit und der Bestand unseres Landes erscheinen gefährdet durch Aktionen, wie sie in Afghanistan geschehen und durch unsere Kanzlerin abgesegnet sind.

Natürlich tut sie das nicht aus persönlichen Motiven, aber wir fragten uns in dieser Nacht, ob wir nicht die Mafia als Auftraggeber bevorzugen würden, bei der zumindest die Motivation transparent und leicht verständlich ist. Nicht zum ersten Mal fragte ich mich, ob es richtig gewesen war, »Ein schöner Tag zum Sterben« zu veröffentlichen und mich all dem auszusetzen, was seither über mich hereingebrochen ist.

Meine Pressefrau hatte mir vor ein paar Monaten das erste, noch druckfrische Exemplar in die Hände gelegt und damit einen wahren Gefühlssturm in mir ausgelöst. Seit Wochen und Monaten hatte ich auf diesen Moment gewartet, aber ich hatte nicht erwartet, dass es sich so anfühlen würde.

Ich öffnete es nicht, sondern strich mit meiner Hand über den Umschlag, drehte und wendete es, betrachtete es von allen Seiten und roch daran. Dann schlug ich es auf, blätterte es durch und betrachtete die Fotos.

Ich versuchte, ihr, die mich gespannt beobachtete, was ich trotz meiner Aufgewühltheit bemerkte, zu erklären, was ich empfand.

»Es fühlt sich beinahe so an wie bei der Geburt meiner Kinder, wie ein richtiges Wunder. Hier ist etwas, das ich erschaffen habe.«

Ich sah auf das Buch, auf meine Hand, die sich anfühlte, als ob sie nicht zu mir gehören würde, die das Buch so streichelte, wie sie damals über die zarten flaumweichen Wangen meiner Kinder gestreichelt hatte, und erstaunt wiederholte ich: »Tatsächlich ist es ein ähnliches Gefühl wie bei der Geburt meiner Babys. Die gleiche Überwältigung, die gleiche Begeisterung und auch eine gewisse Demut. Die Schmerzen waren vergessen, als hätten sie nie existiert.«

Ich machte eine Pause, die Pressefrau schwieg. Vielleicht gingen ihre Gedanken in die gleiche Richtung wie meine. Vergessen waren die Schmerzen nicht, die zu der Entstehung des Buchs geführt hatten, aber sie waren gelindert und mit dem Schreiben nicht nur lesbar, sondern lebbar geworden.

Ich wandte mich wieder dem Buch zu. Es erschien mir verwegen und beinahe unmöglich, dass es wirklich wahr sein sollte. Man würde das Buch einfach so im Laden kaufen können, jeder würde das tun können.

»Ich bin nun tatsächlich eine richtige Buchautorin.«

Ich ließ mir diese Worte auf der Zunge zergehen, die Pressefrau nickte und sagte mit Nachdruck: »Ja, das bist du wirklich. Und es sollte mich kein bisschen wundern, wenn du nicht nur eine großartige Autorin bist, sondern auch eine erfolgreiche.«

Ich lachte, tat die Bemerkung mit einer Handbewegung ab und sprach weiter.

»Ich dachte, dass ich Befriedigung verspüren würde, wenn ich das Produkt, das ich erschaffen habe, endlich in den Händen halten werde, und das tue ich auch. Aber es ist weit mehr. Ich habe ein wenig Angst davor, was nun passiert, wie es weitergeht. Wie es sein wird, wenn andere Menschen einen so tiefen Einblick in mich und mein Leben bekommen. Und dabei dachte ich, es sei nun vorbei, all die Arbeit und Anspannung der letzten Wochen.«

Sie lachte und sagte: »Nein, es ist nicht vorbei. Es fängt gerade erst an.«

Damit sollte sie recht behalten. Es hatte gerade erst angefangen.

Es hatte nicht lange gedauert, und mein Buch stand auf den Bestsellerlisten. Journalisten von Zeitungen und Magazinen wollten Interviews, ich traf mich mit ihnen in Cafés oder im Schwesternwohnheim des Krankenhauses im Emsland, in dem ich gerade arbeitete. Ich, die ich nie zuvor ein Rundfunk-, geschweige denn ein Fernsehstudio betreten hatte, war auf allen möglichen Sendern im Radio zu hören. Ich war bei Günther Jauch in Stern TV zu Gast, in Morgen- und Mittagsmagazinen. Filmbeiträge wurden über mich gedreht, und einmal abgedreht, ich gewöhnte mich schnell an den Jargon, hatte ich gar keine Zeit, mir das alles anzusehen oder anzuhören, wenn es gesendet wurde.

Während der Buchmesse war ich auf der Fernsehbühne mit meinem Auftritt direkt vor Peter Scholl-Latour an der Reihe, der mir in die Augen sah, freundliche Worte zu mir sprach und mir die Hand schüttelte. Ich nahm mir vor, sie an diesem Tag nicht mehr zu waschen.

Noch nie in meinem Leben war ich so oft beim Friseur, wurde ich so oft und so professionell geschminkt und hatte ich so viel Geld für Kleidung ausgegeben. Jede Frau wird mich verstehen, man kann im Fernsehen einfach nicht zweimal das Gleiche anziehen, selbst meine Söhne verstanden das. Auch wenn ich mir dachte, dass es eigentlich schade ist um das Geld, denn immer noch habe ich ernsthaft vor, etwas abzunehmen, und dann passt ja alles nicht mehr.

Auch meine Kinder gewöhnten sich schnell an den ganzen Rummel. Oft wollten mich Reporter zu Hause besuchen und Fotos machen oder kleine Szenen für ihre Filme drehen. Die Kinder erfanden schnell ein Journalisten-Besuchsprogramm. Wenn ich anrief und sagte, es kommt wieder eine Zeitung oder ein Sender vorbei, saugten sie Staub, stapelten alles, was so herumlag, ordentlich auf, schafften den Hund aus dem Weg, kauften Kaffee, Kuchen und Sprudelwasser, gingen aus dem Weg oder hielten sich bereit, je nachdem, wie es gewünscht wurde.

Bald machte ich eine kleine Lesereise. Meine erste Station war Hannover, Lehmanns Buchhandlung. Ich war nervös. Bei all den Radio- und Fernsehsendungen war ich das erstaunlicherweise nicht gewesen. Man kann ja vorher nicht wissen, wie man reagiert, man war ja nie zuvor im Fernsehen. Ich hatte die Erfahrung gemacht, dass ich die Kameras und Scheinwerfer sofort vergesse, wenn die erste Frage an mich gestellt wird. Ab da sehe ich nur noch den Moderator und unterhalte mich mit ihm, blende alles andere aus, nehme nur ihn wahr und konzentriere mich auf ihn. Das geschah automatisch, ich hatte mich nicht vorbereitet, dafür hatte ich gar keine Zeit gehabt.

Es war – das fiel mir viel später auf – wie bei meinem ersten medizinischen Notfall während meiner Berufstätigkeit. Ich war als Assistenzärztin in der Anästhesie gelandet und stand nach einer Mandelentfernung bei der Narkoseausleitung des Patienten. Der Operateur und alle Pfleger hatten sich schon entfernt, waren Kaffee trinken gegangen, nur ich, die Dienstjüngste, stand da und wartete, dass er aufwachte. Auf einmal fing er an nachzubluten, das Blut sprudelte ihm nur so aus dem Mund.

Ich blieb ganz ruhig, wurde eiskalt. Ich rief nach dem Pfleger und dem Chirurgen, aber bis sie bei mir waren, hatte ich bereits das Blut abgesaugt, Narkosemittel nachgespritzt und den Tubus, einen kleinen Plastikschlauch, in die Luftröhre geschoben, so dass ich den Patienten wieder beatmen und gleichzeitig verhindern konnte, dass das Blut in die Lunge gelangt. Mit schlafwandlerischer Sicherheit hatte ich das getan, ohne überhaupt darüber nachzudenken und ohne dass mein Pulsschlag auch nur eine Sekunde schneller geworden war. Als ich später vom Oberarzt für meine schnelle und beherzte Reaktion gelobt wurde, war ich ganz verlegen, ich konnte doch nichts dafür. Ich hatte lediglich eine Eigenschaft in mir entdeckt, die ich bis dahin nicht gekannt hatte, die aber in meinem späteren Beruf als Notärztin Gold wert war: Ich verlor in hektischen und stressigen Situationen nie die Ruhe, und so verlor ich sie auch bei Fernseh- und Radioauftritten nicht.

Vor den Lesungen hatte ich allerdings Angst, auch wenn mir eine ausgesprochen nette, sehr patente und lebenserfahrene Journalistin zur Seite stand, die durch den Abend führen würde. Jetzt würde es real werden, hier waren es nicht Kameras oder ein einzelner Moderator, hier würden mir richtig echte Menschen gegenübersitzen, die etwas von mir erwarteten. Was genau, wusste ich nicht. In meinem ganzen Leben war ich noch nie bei einer Autorenlesung gewesen, obwohl ich immer viel gelesen hatte. Aber ich konnte doch selbst lesen, warum sollte mir einer vorlesen.

In der Lehmann'schen Buchhandlung saßen ungefähr achtzig Menschen. Ich war nicht berühmt, das war gleich klargeworden, als man an der Kasse versucht hatte, mir eine Eintrittskarte zu verkaufen, und ich vorsichtig sagte, aber ich bin doch die Autorin. Peinlich berührt hatte man sich entschuldigt, und ich hatte mich den Menschen genähert, die im Saal schon erwartungsvoll neben ihren Stühlen standen. Ich ließ meine Augen schweifen und ignorierte die Worte der Angestellten der Buchhandlung, die sagte, dort rechts ist das Podium. Stattdessen schwenkte ich nach links.

Dort hatte ich in der hintersten Reihe zwei meiner Kameraden aus dem Einsatz in Kabul 2003 entdeckt. Zwei Menschen, die sich dort kennen- und liebengelernt hatten und zusammengeblieben waren. Wie viele Tassen Pulvercappuccino hatten wir nicht zusammen getrunken, wie viele Gespräche geführt, wie oft zusammen gelacht, waren gemeinsam nachdenklich gewesen und traurig. Es war mir egal, dass alle diese Menschen hier auf meine Lesung warteten, für die sie ihr gutes Geld bezahlt hatten, hier waren zwei meiner Kameraden, und ich würde sie begrüßen.

Das tat ich auch, umarmte sie beide, und dann ging ich nach vorn zum Podium und begann meine Lesung.

Die Menschen lauschten gespannt und ergriffen, und nachdem ich geendet hatte, wurde mir klar, weshalb sie hierhergekommen waren. Sie wollten reden, über diesen Afghanistan-Einsatz diskutieren, den Sinn herausfinden. Es entspann sich eine lebhafte Diskussion, die manchmal fast aggressiv wurde, und ich war froh, dass meine beiden Kameraden da waren und mich unterstützten. Sie antworteten den Menschen, die mir allein nicht glauben wollten.

Als es vorbei war, ging ich wieder zu ihnen hin. Die anderen Menschen um uns herum waren plötzlich ausgeblendet. Noch einmal umarmte ich die beiden, erst ihn, dann sie. Es war, als ob sie mich festhalten, mich stützen und trösten wollten, und dann wieder war es, als ob sie sich an mir festklammerten, als seien sie am Ertrinken und ich sei der Fels in der Brandung.

»Es ist, als ob es gestern gewesen wäre«, sagte sie und streichelte mir über den Rücken, und er drückte mich noch einmal an seine Brust: »Es fühlt sich immer noch an wie Familie.« Ich konnte gar nichts sagen. Fühlte nur die Wärme dieser beiden Kameraden, dieser beiden Freunde, die ich seit sechs Jahren nicht gesehen hatte, die sich aber in der Tat so vertraut anfühlten, als seien sie noch näher als Familie, als seien sie ein Teil von mir, ein Teil meiner Geschichte, ein Teil dessen, was mich ausmacht. Und dann endlich weinte ich. Zum ersten Mal seit langer Zeit, zum ersten Mal seit vielen Jahren, zum ersten Mal, seitdem wir Sanitäter in Afghanistan damit angefangen hatten, unsere Kameraden einzusargen, weinte ich. Die Wimperntusche verschmierte, aber es machte nichts, meine Kameradin war ja bei mir und achtete darauf, dass ich ordentlich aussah, als wir uns wieder den anderen zuwandten. Es war eine kleine Geste der Vertrautheit, etwas, das ich so lange entbehrt hatte.

Alle zusammen gingen wir etwas essen. Tief berührt und erschrocken hörte ich ihrer weiteren Geschichte zu.

Sie waren in den letzten sechs Jahren, seitdem wir uns zuletzt gesehen hatten, immer wieder im Einsatz gewesen, selten gemeinsam, so dass sie viele Monate getrennt waren voneinander. Unterdessen hatten sie wegen der vielen Auslandsaufenthalte alle Freunde verloren. »Nach jedem Einsatz war es wieder einer weniger«, so sagte er. »Sie kommen damit nicht klar, dass man dauernd weg ist.« Und dann, nach einer Pause, fügte er hinzu: »Wir haben nur noch uns beide. Sonst niemanden. Keine sozialen Kontakte, keine Freunde. Eigentlich haben wir gar kein Leben mehr. Wir gehen zur Arbeit und wieder nach Hause. Oft sitzen wir einfach nur da.«

Das hörte ich, das nahm ich wahr. Von den anderen, die an unserem Tisch saßen, bekam ich kaum etwas mit, und ich glaube, ich war sehr unhöflich zu ihnen.

Ich sah nur diese beiden, ihre Augen, in denen ganz hinten, selbst wenn sie lachten, etwas Dunkles blieb, das sich nicht vertreiben ließ. Augen, die oft stumpf waren und sich nur belebten, wenn sie einander oder mich ansahen.

Familie.

Als der Abend vorbei war, als alle nach Hause gegangen waren und ich in meinem Hotelbett lag, weinte ich und weinte und konnte gar nicht mehr aufhören. Es waren die bittersten Tränen meines Lebens, und zugleich waren sie auch erlösend und befreiend und spülten und schwemmten etwas Bitteres und Schweres weg, das ich so lange allein mit mir herumgetragen hatte.

Ich weinte um die beiden, die kein Leben mehr hatten, nur noch Dienst und Einsatz kannten und wahrscheinlich schon ganz verzweifelt wären, wenn sie einander nicht gehabt hätten.

Und ich weinte um all die anderen, denen es genauso geht, und um die, denen es noch schlimmer geht, weil sie tot sind, oder vielleicht geht es ihnen ja auch besser dort, wo sie jetzt sind, wer will das schon wissen.

Am Ende weinte ich auch um mich und um die, die ich gewesen war und zu der ich nie mehr zurückkehren konnte. Und die, die ich geworden war, musste nun mit all dem leben.

Scheißkrieg, dachte ich, bevor ich einschlief, und die Maskenbildnerin hatte es bei meinem nächsten Auftritt am folgenden Tag schwer, mein tränenverquollenes Gesicht einigermaßen herzurichten.

Nur langsam und mühsam sickerte es in mein Bewusstsein, was das Besondere dieses Abends gewesen war und was die Tränen befreit hatte, die so lange so tief in mir verborgen gewesen waren, dass ich nicht an sie herangekommen war. Die Nähe meiner beiden Kameraden, ihre Wärme und Zuwendung, die Vertrautheit, die wir miteinander hatten, das alles hatte mir das Gefühl gegeben: Ich bin nicht allein.

Und nun sitze ich hier, auf der Terrasse meines Strandhauses in Neuseeland und arbeite an meinem zweiten Buch.

Es ist nicht mehr das gleiche Haus. Wir sind umgezogen in ein größeres Haus, es liegt näher an der Stadt, so ist es für meinen jüngsten Sohn einfacher, sich mit seinen Freunden zu treffen. Nicht, dass es eine große Stadt ist. Es ist ein kleiner Ort, aber der größte weit und breit. Es gibt drei Lebensmittelgeschäfte, eine Buchhandlung und zwei Schuhgeschäfte. Outdoorgeschäfte gibt es auch zwei, alles zum Campen, was das Herz begehrt, und drei Sportgeschäfte, das ist wichtig, die Menschen hier lieben jegliche Aktivität, die man unter freiem Himmel betreiben kann. Wohl noch nie außerhalb der Bundeswehr habe ich so viele Menschen Triathlon betreiben sehen.

So klein der Ort auch ist, da ist ein Schwimmbad, ein riesiger Fußballplatz, auf dem sechs Spiele gleichzeitig durchgeführt werden können, ein Hockeyfeld mit Tribüne, Rugbyplätze, der Tennisclub, der Ruderverein und natürlich auch Läden, in denen man Kanus kaufen kann, Tauchausrüstungen und große Boote, und Läden, in denen man die Boote reparieren lassen kann.

Läden sage ich und denke die ganze Zeit darüber nach, wie man das wohl in der deutschen Sprache richtig bezeichnet. Wir sagen doch wohl nicht Autoladen, wenn wir ein Auto kaufen wollen. Aber ich kann mich nicht mehr erinnern, hier ist alles »Shop« oder »Store«, und ich denke, dass es kein Wunder ist, wenn Auswandererkinder in der zweiten Generation die Sprache ihrer Abstammung nicht mehr sprechen.

Die Dinge verschwimmen und verschmelzen.

Meinem jüngsten Sohn sind die Boots- und Autogeschäfte egal, die Outdoorläden auch. Er geht nach wie vor Fußball spielen und surfen, trifft sich mit seinen Freunden, und gelegentlich besuchen sie das einzige Kino des Ortes und wählen unter den beiden angebotenen Filmen, kaufen riesige Tüten Popcorn, machen sich nichts daraus, dass es hier kein Theater gibt und keine Konzerte. Er freut sich auf seinen fünfzehnten Geburtstag in wenigen Wochen und hat ganz fest vor, spätestens am Tag darauf die Führerscheinprüfung zu machen. Hier in Neuseeland ist es ihm dann erlaubt, unter Aufsicht eines Erwachsenen Auto zu fahren, und ich weiß schon, er wird es gut machen und stolz wie Oskar sein. Ich kann mir ausmalen, wie seine E-Mails an seine Freunde in Deutschland aussehen werden.

Mein zweitjüngster Sohn hat mittlerweile mehr oder weniger erfolgreich die Schule abgeschlossen, ein Jahr früher, als er in Deutschland das Abitur gemacht hätte – wenn er es gemacht hätte. Bei der ergreifenden Abschlussfeier in der Schule mit Nationalhymne und Reden und Blumen und Stehempfang bekam er sogar einen Pokal überreicht. »Bester Fußballspieler des Jahres«, den er grinsend in Empfang nahm, so grinsend, dass es nicht notwendig war, zu sagen, was ich dachte, dass es schön gewesen wäre, wenn er auch einen Preis bekommen hätte in mehr akademischer Hinsicht, beispielsweise in Englisch oder Geographie oder Mathematik, wie seine Freundin, Jahrgangsbeste in all diesen Fächern.

Mir ihr besucht er gerade Deutschland, sie verbringen Weihnachten mit meinen ältesten Söhnen. Zum Ausgleich ist meine Tochter bei uns zu Besuch, sie verließ uns vor einem Jahr und ging nach Australien.

So verbrachten wir Weihnachten in zwei halben Familien und fanden es in der Praxis schwer, was sich in Romanen so schön liest: Ort und Zeit sind relativ. Geteilte Familie, geteiltes Leben. Es scheint mich zu verfolgen, und die Auswanderung hat nichts genützt.

Viele Menschen fragen mich in E-Mails immer wieder, wie es mir eigentlich jetzt so geht.

In meinem Buch habe ich zitiert: Der Weg ist das Ziel. Nun, mein Weg scheint mir im Moment kein Pfad zu sein, den man einfach bewandert. Es scheint vielmehr ein Fluss zu sein, den ich mit einem Kanu befahre, und die Strömung ist stark, ich muss schwer und angestrengt paddeln, um vorwärtszukommen, und da sind auch oft Stromschnellen, die schwierig zu befahren sind. Ich muss schnelle Entscheidungen treffen, ob ich nach rechts oder links lenken soll, und kann doch nicht verhindern, dass ich gelegentlich umkippe mit meinem Boot und mir manchmal die Gischt so ins Gesicht spritzt, dass es mir die Luft zum Atmen nimmt und eiskaltes Wasser meine Kleidung durchdringt.

Was mich tröstet, ist die Erfahrung, die ich jeden Tag aufs Neue mache, jeden einzelnen Tag seit Erscheinen meines Buchs. Täglich bekomme ich Post. E-Mails, richtige Briefe, Bücher, sogar Filme bekam ich geschickt. Alles Zeichen der Herzenswärme von Menschen, die mir damit sagen und zeigen wollen, dass ich nicht alleine bin.

Von meinem Verlag bekam ich den Auftrag für ein neues Buch. Mit Afghanistan hatte es nichts zu tun, aber ich fand es eine gute Idee und wollte mich gerne damit befassen. Das Ganze hatte mich sehr mitgenommen, ich war froh, es nun hinter mir lassen zu können.

Alles, was ich zu dem neuen Buch schrieb, gefiel mir nicht. Ich empfand es als Arbeit, so war es mir beim Schreiben von »Ein schöner Tag zum Sterben« nicht ergangen. Ich konnte mich einfach nicht auf das neue Thema konzentrieren.

Bis ein Freund zu mir sagte: »Du bist noch nicht fertig damit, bist in Gedanken immer noch in Afghanistan.« Ich merkte, dass er recht hatte. Wie hätte ich auch anders gekonnt? Täglich erhielt ich neue Geschichten über das alte Thema. Alle waren interessant, viele waren sehr traurig. Ich spürte, ich bin nicht allein mit meiner Wahrnehmung, und überlegte, dass auch anderen Soldaten dieses Gefühl guttun würde.

Immer öfter dachte ich, schade, dass nur ich diese Geschichten zu lesen bekomme. Das müsste eigentlich der gesamten deutschen Bevölkerung zugänglich gemacht werden, dann würde vielleicht endlich ein Umdenken erfolgen, Soldaten würde vielleicht endlich mehr Verständnis entgegengebracht werden, und ganz vielleicht würde ja auch ein Umdenken bezüglich dieses Afghanistaneinsatzes seitens der Politiker erfolgen und die Debatten im Bundestag würden ihre Scheinheiligkeit und Naivität verlieren.

Als ich so weit mit meinen Gedanken war, wusste ich, dass ich kein anderes Buch schreiben konnte, solange ich mit diesem Thema nicht fertig war. Ich konnte es nicht einfach hinter mir lassen, sondern musste mich stellen, noch einmal.

Damit war die Idee zu diesem neuen Buch geboren. Ich würde die Geschichten, die mir geschickt wurden, sammeln und veröffentlichen. Ich verfasste eine Rundmail an viele, die mir geschrieben hatten. Die Reaktion war unbeschreiblich. Aus einem kleinen Schneeball wurde schnell eine Lawine, mein Schreiben war sogar an eine Zeitung weitergegeben worden, die es abdrucken wollte.

Als ich meinem Verlag davon erzählte, bekam ich schnell Unterstützung zugesichert – man wollte das Buch machen.

Und die Soldaten selbst?

Sie waren begeistert. Einige begannen auch sofort, ihre Geschichten aufzuschreiben. Aber es waren doch wenige, und die Masse von Berichten, die ich aufgrund der vielen Mails erwartet hatte, blieb aus. Erstaunlicherweise war die Bereitschaft, einen Text zu verfassen, der abgedruckt werden würde, nur gering, und ich erkannte, dass sie Angst hatten. Mir im Vertrauen zu erzählen, was sie erlebt hatten, war das eine. Damit an die Öffentlichkeit zu gehen, etwas anderes. Davor hatten sie Angst.

Sie hatten keine Angst, sich mit Rechtschreibfehlern zu blamieren. Sie hatten auch keine Angst davor, dass man sie als Memme bezeichnet. Dafür hatten sie zu viel erlebt, sie hatten gelernt, das Kreuz geradezubiegen und den Kopf hoch zu tragen. Sie schämten sich nicht – sie hatten ganz einfach Angst davor, dienstliche Nachteile zu erleiden und Ärger zu bekommen.

Ich konnte sie gut verstehen, ich befürchte, die Angst ist berechtigt.

Mit der Meinungsfreiheit scheint es nicht mehr so weit her zu sein in unserem Land. Ich habe eine Kostprobe davon erfahren dürfen.

Roger Willemsen hatte mich für seine wöchentliche Kolumne

»Warum machen Sie das?« im ZEITmagazin interviewt. Als ich zu einer der Reaktionen im Internetforum der ZEIT als Antwort zitierte: »Wenn die Männer die Kinder auf die Welt bringen müssten, wäre die Menschheit schon ausgestorben«, wurde mein Kommentar als herablassend eingestuft und gelöscht. Ein platter Spruch, durch den sich zu Alice Schwarzers Zeiten niemand angegriffen gefühlt, sondern über den man nur gelacht hatte. Ich meldete mich unter Protest aus diesem Forum ab.

Roger Willemsen schrieb mir dazu: »Es gibt hier so ein Gedränge in der feigen, scheißliberalen Mitte, wo sich alle einig sind und in ihrer Korrektheit ersaufen, dass schon eine mittlere Inanspruchnahme von Meinungsfreiheit wie ein Eklat gewertet wird.«

Insgesamt gab es dann doch so viele Mutige, dass wir eine ansehnliche Sammlung von Berichten veröffentlichen können, von denen jeder stellvertretend für viele andere steht. Alle diese Kameraden und Familienangehörigen sehen es genau wie ich. Es kann doch nicht verboten sein, dass ein Soldat aufschreibt, als persönlichen Bericht, was er erlebt und dabei empfunden hat? Es geht hier doch nicht um Bundeswehrkritik. Es geht um das persönliche Erleben der Beteiligten, und damit wird dem »Krieg« ein Gesicht gegeben.

Und so entwickelten meine Co-Autoren und ich eine Vision: Dass anhand von diesen Schicksalen und Erlebnisberichten »aus dem Felde« das alles auf einmal aktuell, anschaulich und brisant wird, zum Anfassen gewissermaßen, und durch das bessere Verständnis auch endlich eine politische Debatte entsteht, die den Fragen und Nöten und der Realität der Soldaten gerecht wird.

Ja, und nun sitze ich hier und schreibe diese Zeilen. Auch unser neues Haus steht am Meer. Man muss nur über die Straße gehen und ist am Strand. Hinter dem Haus steht eine riesengroße Palme und reckt ihre Wedel bis dicht an mein Schlafzimmerfenster, ein Avocadobaum lässt ab und zu mit einem dumpfen »Plop« eine seiner Früchte fallen. Dahinter erhebt sich der mit dichtem

Regenwald bewachsene Berg, er ist voller weiterer Geräusche. Vogelgezwitscher, das Rascheln der Opossums, die des Nachts versuchen, den Kiwi-Vögeln die Eier aus dem Nest zu stehlen, das Zirpen der Grillen und das Rauschen der Baumwipfel.

Draußen ist es mittlerweile dunkel geworden, auch das Meer rauscht, und irgendwann fing es an zu regnen. Das muss es auch. »Ohne Regen gibt es keinen Regenbogen«, so sagt die Pressefrau des Fischerverlags.

Ich weiß, dass sie recht hat. Ich erlebe es jeden Tag. All die vielen Geschichten, die ich nun gesammelt habe. Oft habe ich darüber geweint. Aber jede Einzelne gab mir das Gefühl, dass ich nicht allein bin. Und ich freue mich, dass all jene, deren Geschichte nun hier veröffentlicht wird, auch dieses Gefühl haben, und weitere es beim Lesen bekommen werden.

Ich bin nicht allein. Schon ist alles leichter.

Wir hatten einen guten General. Jedes Mal, wenn er uns im Einsatz besuchte, kam er meine Kompanie besuchen. Ich hatte nie einen Vortrag für ihn vorbereitet, obwohl man es mir befohlen hatte. Es schien ihm egal zu sein, und beim ersten Mal hatte er zu mir gesagt: »Ja glauben Sie denn, liebe Frau Oberstabsarzt, ich wüsste nicht, dass man für mich ohnehin jedes Mal Türken baut, wenn ich zu Besuch komme? Denken Sie denn, ich glaube das, was man mir da immer vorträgt?«

Deshalb kam er gern zu uns. In unserer Kompanie konnte er einmal aufatmen, einfach nur Wasser trinken. Er wollte nicht immer Kaffee und Kuchen oder Wein und edle Gerichte.

Er wollte die Wahrheit. Darum ging er zu den Mannschaftsdienstgraden und unterhielt sich mit ihnen. Er nahm ihre Sorgen und Nöte ernst, und oft, so es in seiner Macht stand, behob er sie.

Ich kann das erzählen, er ist pensioniert.

Möge er sich noch viele Jahre an seiner neuen Freiheit erfreuen, und mögen wir ihm nacheifern auf der Suche nach Wahrheit und Menschlichkeit.

Splitter

Der wirkliche Krieg findet niemals Eingang in die Bücher.
Walt Whitman

Matthias Hüfler
Eine großangelegte Operation

[Matthias Hüfler, 30, Hauptfeldwebel, Rettungsassistent,
Bosnien 2001, Afghanistan 2002 und 2007]

Ich kann gar nicht genau sagen, welcher Tag es war. Es war ein
Tag wie jeder andere, fern von der Heimat. Die MedEvac- (Medi-
cal Evacuation) Kompanie in Mazar-e Sharif, der ich angehörte,
war zu diesem Zeitpunkt in dem Lager des norwegischen Sektors
untergebracht. Für meine Begriffe ein recht gemütlicher Ort, wo
Soldaten versuchten, sich einigermaßen häuslich einzurichten.
Mein Chef bat mich um ein Gespräch, ich sollte dazu in einen
Container nah bei unserem Zelt kommen. Ein ungewöhnlicher
Treffpunkt, den ich zu diesem Zeitpunkt nicht verstand.
    Er hatte eine Karte unter dem Arm, auf die er auch äußerst
schnell zu sprechen kam. Er suchte spürbar nach den richtigen
Worten und fütterte mich nur mit groben Details, die mich sehr
nachdenklich stimmten. Er fragte mich nach meinen Englisch-
kenntnissen und meiner Abkömmlichkeit. Zu meiner Person
muss man wissen, dass meine Freundin ebenfalls Soldat war,
sie war mit mir in den Einsatz gegangen und verrichtete ihren
Dienst im selben Lager. Pflichtbewusst bekundete ich ihm meine
absolute Loyalität der Einheit gegenüber. Danach wurde ich etwas genauer auf die anstehende Aufgabe, die ich übernehmen
sollte, eingestimmt. »Suchen Sie sich einen Fahrer für Ihr Fahrzeug und einen Arzt aus, von dem Sie denken, dass er für diese
Aufgabe fit genug ist.« Was immer noch völlig im Raum stand,
war allerdings die Aufgabe.
    Ich fragte etwas genauer nach, um was es sich handelte. Seine
vage Antwort: »Es geht um eine großangelegte Operation mit der

norwegischen QRF*.« Er fuhr fort: »Dazu nehmen Sie morgen mit den norwegischen Kameraden Kontakt auf und beschaffen sich alle nötigen Informationen. Die Zeit ist kurz, die Operation soll bereits übermorgen starten.«

»Jawohl«, antwortete ich und machte mich auf den Rückweg in meine Unterkunft. Dort angekommen, erwartete mich meine Freundin, die natürlich wissen wollte, warum mich der Chef der Kompanie hatte sprechen wollen. Ich befand mich in einer Zwickmühle. So widersprüchliche Gefühle habe ich zuvor noch nie in meinem Leben erfahren müssen. Sollte ich sie anlügen und irgendetwas erzählen? Was würde sie von mir glauben, falls mir dann etwas zustoßen sollte? Ich wusste überhaupt nicht weiter. An meinem Verhalten erkannte sie natürlich sofort, dass etwas nicht stimmte. Letztendlich handelte ich in gewisser Weise entgegen der Vorschrift und erzählte ihr von der bevorstehenden Operation, freilich ohne jedes weitere Detail. Ich sagte ihr lediglich, dass ich das Lager vermutlich für einen längeren Zeitraum verlassen muss und nicht weiß, wann ich wiederkomme. Sie brach in Tränen aus, zeigte sich aber dennoch gefasst. Auch sie wusste, dass diese Arbeit unser Beruf ist und wir diesen Dienst leisten müssen.

Am nächsten Tag überlegte ich, mit welchem Fahrer und Arzt ich mein Team zusammenstellen wollte. Die Auswahl des Fahrers stand schnell fest, es war der meiner Ansicht nach erfahrenste und ruhigste aus dem Pool der Kraftfahrer. Ich wollte jemanden, von dem ich glaubte, dass er selbst in einer Extremsituation ruhig und besonnen handeln würde. Die Entscheidung für einen Arzt fiel auf einen jungen dynamischen Kollegen, der sich dennoch unterordnen konnte. Ich schickte die beiden zu meinem Chef, der sie mit den nötigen Instruktionen versorgen sollte. Anschließend setzten wir uns zusammen und sprachen über die anstehende Operation.

* Quick Reaction Force, schnelle Eingreiftruppe

Wie befohlen nahmen wir Kontakt zu den norwegischen Kameraden auf. Diese waren zunächst sehr überrascht, doch freundlich. Also machten wir uns ein bisschen bekannt.

Als Kommandant des Fahrzeuges war ich für mein Team verantwortlich. Ich brauchte endlich genauere Informationen über das, was auf uns zukam. Ein norwegischer Kamerad klärte mich auf. Was ich erfuhr, bedeutete einen Schock für mich. Denn er machte mir unmissverständlich klar, dass sich die Operation gegen die in unser Gebiet einsickernden Taliban richtete und folglich mit allem zu rechnen war. Ich verstummte. Natürlich konnte er sehen, was in mir vorging. Also überspielte ich meinen Schock so gut wie möglich, auch weil die Norweger immer viel von uns hielten. Sie bewunderten unsere Technik und Ausbildung.

Anschließend ging ich mit meinem Team alle Punkte durch, zu denen ich in der Besprechung Infos erhalten hatte. Wir stellten fest, dass unsere vorhandene Ausrüstung, was Zusatzbekleidung, Essensrationen, Stauraum und weitere Dinge betraf, nicht ausreichte. Hinzu kam die völlig ungelöste Frage, wie wir während der Operation mit den Norwegern in Kontakt bleiben konnten.

Auch bei der Zusatzkleidung, welche unsere Arbeit erleichtern sollte, gab es Probleme. Die Schutzwesten waren defekt, und wir flickten sie notdürftig. Die Schlafsäcke, die wir für die Berge brauchten, waren dreckig und löchrig. Die Moskitonetze hatten so große Löcher, dass wir sie gar nicht erst mitnahmen. Und die Essensrationen in Form von Einmannpackungen konnten wir nicht im Innenraum verstauen, da wir den Platz freihalten mussten für den Fall der Verwundung eines norwegischen Kameraden.

Für das Kommunikationsproblem baten wir die Norweger um Hilfe. Sie gaben uns eines von ihren Funkgeräten, welches wir in unserem Transportpanzer verbauten.

Der Tag war gekommen, an dem wir aufbrechen sollten. Nie werde ich diesen Morgen vergessen. Als Erstes musste ich mich von meiner Freundin trennen, was zwar kurz und militärisch war, aber dennoch sehr schmerzhaft. Meinem Vater durfte ich am Telefon nichts sagen, aber es kam mir vor, als wenn er spürte, was bei uns vorging. Denn zuvor war bekanntgeworden, dass die norwegische Armee eine großangelegte Operation durchführen würde. Dann verlegte ich zu Fuß innerhalb des Lagers zu unserer Kompanie, wozu man sagen muss, dass das Lager in Mazar-e Sharif sehr groß ist. Ich traf mich mit meinem Fahrer und dem Arzt. Wir verpackten die letzten Reste unserer Ausrüstung und machten das Fahrzeug einsatzbereit. Nur 20 Minuten später wollten wir uns mit den Norwegern treffen.

Auf einmal standen unser Chef und der Spieß, die »Mutter der Kompanie«, wie wir sagten, an unserem Fahrzeug. Sie wollten sich verabschieden – was uns überraschte. Die Umarmung war so herzlich, dass unsere Vermutung, die Operation könnte eine richtig gefährliche Angelegenheit werden, nur bestätigt wurde.

Dann fuhren wir zu dem Treffpunkt und reihten uns in die Fahrzeugkolonne der Norweger ein. Wir gingen noch einmal die Strecke durch, die vor uns lag. Zunächst ging es nach Kunduz, eine Strecke von ca. 300 Kilometern von Mazar-e Sharif aus. Um keine Aufmerksamkeit bei der Bevölkerung zu erregen, wählten wir den Weg durch die Wüste. Die Norweger fuhren mit Jeeps, und wir waren mit unserem Transportpanzer unterwegs. Bald gab es deshalb auch schon die ersten Probleme, denn unser Panzer war an einigen Stellen zu breit, um auf dem normalen Weg zu bleiben. So mussten wir manchmal ausweichen, bei unklarer Minenlage. Zudem setzte noch ein Sandsturm ein, der die Sicht äußerst erschwerte.

Alles ging gut, und wir erreichten Pol-e-Khomrie, die Hälfte der Strecke war geschafft. Nun mussten wir wieder auf der normalen Verkehrsstraße fahren, was sehr gefährlich war, denn man nannte diese Straße auch die »IED Road«*. Wir hielten stets volle Fahrt und sahen zu, dass wir so schnell wie möglich nach Kunduz kamen. Für den Fall, dass ein Anschlag ausgeübt wurde, war alles abgesprochen.

Am Abend kamen wir wohlbehalten in Kunduz an. Wir bezogen unsere Zelte, die zwischen riesigen Steincontainern standen, die im Fall des Falles einen Raketenangriff abhalten sollten. In Kunduz gibt es des Öfteren mal einen Raketenregen von oben. Wir verkrochen uns früh ins Bett, total geschafft von der langen und nervenaufreibenden Fahrt.

Der nächste Tag begann mit einer Überraschung. Wir wurden angewiesen, auf andere Fahrzeuge umzurüsten. Das Gelände war hier einfach nicht für unseren Transportpanzer geeignet. An und für sich wäre das kein Problem für uns gewesen, bis auf den Umstand, dass die beiden Fahrzeuge, die wir benutzen sollten, ungepanzert waren, was einer Art Himmelfahrtskommando gleichkam. Das interessierte freilich niemanden wirklich. Als treue Soldaten führten wir den Auftrag aus und bestückten die Fahrzeuge mit dem Material unseres Transportpanzers. Nun hatten wir nur noch ein Funkgerät für zwei Fahrzeuge. Auch das Sanitätsmaterial mussten wir aufteilen. Wir verständigten uns darauf, ein Fahrzeug für Gepäck und das andere für eventuell Verletzte zu nutzen. Man muss dazu sagen, dass wir Verpflegung und andere Ausrüstung für mehrere Wochen mitzuführen hatten.

Unser nächstes Ziel war Feyzabad, ca. 200 Kilometer nordöstlich von Kunduz entfernt. Das Besondere an der Strecke war, dass es keine festen Straßen mehr gab. Nur noch befestigte Wege, von denen man nicht wusste, in was für einem Zustand sie waren. Die Fahrt wurde sorgfältig von den Norwegern geplant, denn dies-

---

* Improvised Explosive Device, dt. unkonventionelle Spreng- oder Brandvorrichtung, also Sprengsätze für Anschläge

mal konnten wir die Strecke nicht an einem Tag schaffen. Einmal würden wir unter freiem Himmel schlafen müssen.

Die Fahrt begann. Alle waren ziemlich angespannt, denn man hatte befürchtet, dass ein Anschlag auf uns geplant sei. Die Landschaft wurde immer hügeliger und wasserreicher. Noch nie zuvor hatte ich in Afghanistan so viel Wasser gesehen. Wie viel Wasser würde es erst zur Schneeschmelze geben! Die Fahrt ging über Stock und Stein, immer mit sorgfältiger Rundumbeobachtung. Das Fahren war nicht einfach, keiner von uns hatte die dafür notwendige spezielle Erfahrung.

Langsam wurde es Abend. Der norwegische Kommandant befahl, an einem Fluss auf einer kleinen Anhöhe zu kampieren. Wir sicherten uns selbst in einem Radius von 360 Grad. Verschiedene Waffensysteme der Norweger wurden in Stellung gebracht. Wir richteten uns mit unseren Feldbetten neben den Fahrzeugen ein, spannten eine Plane und machten uns jeder eine Einmannpackung Essen warm. Das Verrichten der Notdurft war ein Problem, denn wir hatten im Gegensatz zu den Norwegern keine geeignete Ausstattung. Also liehen wir uns von unseren nordischen Kameraden einen Plastikstuhl mit einem Loch in der Mitte, einfach, aber praktisch. Natürlich unterstützten wir die Norweger bei der nächtlichen Wache.

Bereits nach drei Tagen machte sich der fehlende Schlaf bemerkbar. Duschen oder Waschen war zu der Zeit nicht möglich. Lediglich das Zähneputzen bot ein bisschen Erholung bei der täglichen Körperhygiene.

Ärgerlich machte mich jeden Tag auf das Neue unsere Ausstattung. Ich schämte mich manchmal schon gegenüber den Norwegern. Wir sollten auf Höhen von 2200 m unser Essen mit dem klassischen Esbit-Kocher warmmachen, was aufgrund des verringerten Sauerstoffgehalts gar nicht funktionieren konnte. Die Norweger halfen uns auch in dieser Situation aus.

Zwei Tage später machten wir an einer recht übersichtlichen Stelle halt. Die Information lautete, dass der norwegische General seine Truppe besuchen wollte. Wir bereiteten den Landeplatz vor und befreiten ihn vom Unrat, der dort weit verstreut herumlag. Ein Teil unserer Kräfte sicherte das umliegende Gelände. Es war ein Gebiet, wo ISAF-Soldaten nicht oft gesehen wurden.

Ein lautes Knattern, und schon waren sie da, die deutschen Hubschrauber, die den norwegischen General einflogen. Sie brauchten mehrere Anläufe, der starke Staub machte eine Landung schwierig. Die Laderampe des Hubschraubers öffnete sich, und deutsche Sicherungskräfte stiegen aus. Zu meiner Überraschung war auch der deutsche General an Bord; er begleitete den Norweger. Nach einem kurzen Aufenthalt flogen sie wieder davon. Auch unsere Reise ging weiter, und die Angst reiste mit.

Die ganze Operation dauerte noch einige Tage, insgesamt waren wir knapp drei Wochen unterwegs, bis wir wieder sicher unser Camp in Mazar-e Sharif erreichten.

Wir waren sehr müde und brauchten erst mal einen Tag, um uns von den Strapazen zu erholen. Das Erlebte hat uns sehr zusammengeschweißt und dennoch sehr viel Kraft gekostet. Ich danke den norwegischen Soldaten für ihre Kameradschaft.

Mit der Wahrheit leben

Im Anschluss versuchte ich, unsere Defizite in Bezug auf die unzureichende Ausrüstung an geeigneter Stelle anzubringen. Ob es etwas gebracht hat, weiß ich nicht. Ich wollte für unsere Nachfolger die Situation verbessern.

Die Zeit der Trennung von der Familie zu Hause und die Ungewissheit, ob man lebend zurückkommen würde, hat Spuren hinterlassen. Zurück in der Heimat, bekamen wir keinerlei Anerkennung für die geleisteten Dienste. Nur unsere nächsten Angehörigen konnten den Schmerz annähernd nachvollziehen.

Ich bemerkte nach meiner Heimkehr, dass ich mit der Situation nur schwer umgehen konnte. Nicht die Bilder von Verletzten oder gar Toten, sondern die Nichtanerkennung dessen, was wir getan hatten, hat mich völlig fertiggemacht.

Ich beschloss daher, zu meinem Arzt im Standort zu gehen. Er war sehr bemüht um mich und beantragte eine Kur. Zu meinem Erstaunen war die Bearbeitungszeit sehr kurz. Und so konnte ich mich dem Personal, wo ich die Kur in Anspruch nahm, auch öffnen. Es waren viele Soldaten dort, mit denen man sich austauschen konnte. Viele hatten ähnliche Probleme wie ich, was mich ein wenig beruhigte.

Bei dem Abschlussgespräch mit der Psychologin fragte sie mich, was sie in meine Akte schreiben sollte. Sie gab mir zu verstehen, dass nach ihrer Meinung eine Posttraumatische Belastungsstörung vorlag, welche aber möglicherweise aufgrund meines damaligen Alters bei einer späteren Verwendung im zivilen Berufsleben zu Schwierigkeiten führen könnte. Ich entschied mich daher für eine weniger ausdrucksstarke Formulierung, die sie in meine Akte schrieb.

Ich persönlich finde es schade, dass man nicht mit der Wahrheit leben darf, um eventuelle Schwierigkeiten im späteren Berufsleben zu vermeiden.

Ich war immer und bin gerne Soldat, ich habe der Bundeswehr vieles zu verdanken. Einiges missfällt mir dennoch, und ich hoffe, dass es in ferner Zukunft verbessert wird.

Splitter

Die Soldaten sind auf den Einsatzfall so realistisch wie irgend möglich vorzubereiten.
Erlass über die »Innere Führung«

Daniel Süßner
»Nicht, dass du jetzt in den Krieg musst!«

[Daniel Süßner, 32, Stabsunteroffizier, Feldjäger, Kabul 2003]

Ulm, 11. September 2001

Ich hatte Urlaub und lag noch im Bett. Meine Eltern waren in der Küche, und auch meine Freundin war gerade dabei, das Frühstück vorzubereiten. Auf einmal wurde das Fernsehprogramm unterbrochen, die Sender berichteten von einem schrecklichen Unfall. Aus Versehen sei ein Flugzeug in einen der Twin Towers des World Trade Centers in New York geflogen. Man sah schreckliche Bilder. Ich rief meine Familie herbei, und alle standen wir um meinen kleinen Fernseher herum und sahen die unglaublichen Bilder, als plötzlich eine zweite Maschine den zweiten Tower rammte. Wir waren sprachlos.

Meine Freundin meinte noch: »Nicht, dass du jetzt in den Krieg musst!« Ich lachte und beruhigte sie. Ich hatte keine Ahnung, wie recht sie haben sollte.

Keine zwei Stunden vergingen, und das Telefon klingelte. Meine Mutter ging dran, dann sah sie mich an: »Dein Kompaniechef.« Kurz und prägnant teilte er mir mit, dass ich ab sofort der Bereitschaft unterstehe und ab Alarmierung zwei Stunden Zeit hätte, mich vollkommen aufgerödelt in der Einheit einzufinden. Ich konnte es immer noch nicht glauben und beruhigte meine Familie. Das sei bestimmt nur zur Sicherheit – reine Routine.

Am nächsten Morgen gegen sieben Uhr klingelte das Telefon erneut. Der Oberleutnant der Einsatzleitung war dran. »Süßner – fertig machen. Wir verlegen nach Stuttgart. Rückkehr unbekannt.

Wir erwarten Sie binnen zwei Stunden in der Kaserne.« Ich legte auf, informierte meine Familie und fuhr nach Ulm.

In Ulm waren alle in heller Aufregung. Die Wache war übernervös und bis an die Zähne aufgerüstet. Selbst ich bekam ein komisches Gefühl bei ihrem Anblick. Dann war ich in der Einheit und meldete mich beim Feldjäger vom Dienst. Das war heute der Kompaniechef in Person. Alle waren auch hier voll in Montur, mit Splitterschutz und bewaffnet bis an die Zähne.

Auch ich bekam den Befehl, mir meine Ausrüstung anzulegen, Pistole und ein zusätzliches Gewehr, was für einen Feldjäger eigentlich nicht üblich ist, zu empfangen und mir ein Auto zu besorgen. Bewaffnet machte ich mich auf den Weg in die Einsatzleitung, wo die Fahrzeuge verteilt wurden. Ich sah die aufgeregten Gesichter schon von weitem. Mir wurde ein Packen Papiere in die Hand gedrückt. »Hier – holen und abfahrtbereit machen. Flagge für Marschkolonne setzen und vor dem Dienstkommando in Reihe auffahren.« Ich tat, was mir befohlen wurde. Dann ging alles ganz schnell. Wir traten vor dem Dienstkommando an, und der Kompaniechef teilte uns die Lage mit. Verlegen nach Stuttgart und dort Unterstützung der US Military Police. Die Operation HOST NATION lief an.

Nach der Befehlsausgabe saßen wir alle auf und fuhren los. Vor dem Kasernentor kam der Befehl »Sonder- und Wegerechte Marsch«. Blaulicht und Martinshorn von zehn alten VW-Bussen liefen an, die Wache fiel aus allen Wolken, als wir plötzlich so auf das Tor zufuhren. Erst als der Kompaniechef aus dem Fenster brüllte, rannte der Obergefreite los und öffnete verdutzt das Tor. Ihm schien nicht bewusst zu sein, was da gerade vor sich ging. Es waren die ersten Vorboten für meinen Afghanistaneinsatz 2003.

Kabul, 29. April 2003

Als wir am Morgen des 29. April 2003 in KABUL landeten und sich die Ladebordwand des Transporthubschraubers CH 53 öffnete, sahen wir zum ersten Mal das Land, welches für die nächsten vier Monate unsere Heimat sein sollte. Ein heißer, ekliger Luftstrom schwappte in die Maschine, und die gleißende Sonne blendete uns.

Da kamen schon die Feldjäger an die Maschine, belehrten uns, dass wir ihnen nun zu folgen hätten, und wir liefen über das Rollfeld hinüber zum Pax-Bereich (Passagier-Bereich). Dort angekommen, wurde die Vollzähligkeit der Passagiere überprüft, anschließend wurden Splitterschutzwesten verteilt, und uns wurden die Busse zugewiesen.

Wir wurden noch kurz zur Seite genommen und trafen unsere Vorgänger, die Feldjäger der Flugabfertigung am KIA, dem Kabul International Airport. Sie waren sehr froh, dass ihre Ablösung endlich gelandet war; bald würden sie nach Hause können.

Mit den Bussen fuhren wir dann zum Camp Warehouse. Die Fahrt dauerte ca. 15 Minuten, und die ganzen neuen Eindrücke, die auf uns einströmten, waren überwältigend. Das also war das Land, von dem wir in der Vorausbildung so viel gelesen und gehört hatten, über das wir schon so viel gesprochen hatten. Nun waren wir da – und es war noch schlimmer als geglaubt.

Das Leben in diesem Land ähnelt dem Leben vor hundert Jahren. Es war alles zerstört, schmutzig, der Smog brannte beim Atmen, es gab keine Verkehrsregeln – gar nichts. Man fuhr einfach. Hauptsache, man kommt an.

Auf der Route Violett ging es immer geradeaus, bis auf der rechten Seite auf einmal ein großer Wall auftauchte. Das war das vorderste Eck des Camps. Am Wachturm vorbei ging es noch ein paar Meter weiter bis zum Gate. Dort angekommen, passierten wir den Wachbereich. Wir fuhren direkt zum Stabsgebäude der KMNB, der Kabul Multi National Brigade.

Dort durften wir den Bus verlassen und die Bristol* wieder ablegen. Die Uniformen waren nach der relativ kurzen Fahrt bereits tropfnass von unserem Schweiß. Am Stabsgebäude wurden wir schon von unserem Spieß erwartet, wir wurden begrüßt und gingen ins »Wohnzimmer«. So nannten wir Fallschirmjäger unseren Aufenthaltsraum, unsere inoffizielle Betreuungseinrichtung. Sie hatte alles, was ein Soldat braucht: einen großen Stammtisch, zwei Kühlschränke, eine Kochgelegenheit, einen Fernseher mit Satellitenempfang.

Das war alles. Um das »Wohnzimmer« herum waren unsere Zelte verteilt. Leider gab es noch keine freien Feldbetten – also durften wir noch zwei Nächte im Übergangszelt verbringen. Das war ein Sammelzelt für alle, deren Vorgänger noch in ihren Betten lagen. In dem Zelt lagen fast 20 Mann.

Am zweiten Tag mussten wir wieder ins Stabsgebäude. Dort wurden Ausweise für uns erstellt, und am Nachmittag ging es dann zum Waffenempfang. Jeder von uns erhielt ein G36 mit ausreichend Munition und eine Pistole P8 mit ebenfalls genug Munition. Dazu noch eine eigene Bristol, einen Tropenschlafsack und zwei Netze für die Wäsche. Später belieferte uns unser Versorger mit weiterer Ausrüstung wie Schwarzzeug, Funkgeräten und was wir sonst noch benötigten.

Somit waren wir fertig ausgestattet – wir, die TAPSIs, wie Neuankömmlinge genannt werden: Total Ahnungslose Person Sucht Information.

Abends ging es auf Erkundungstour durchs Feldlager. Wir sahen die Camps der anderen Nationen und deren Fahrzeuge. Wir staunten nicht schlecht, was der Rest der Welt so zu bieten hatte.

Am nächsten Morgen hieß es früh aufstehen und nach dem Frühstück rüber zum KIA**. Wir waren zusammen mit den »al-

---

* Splitterschutzweste
** Kabul International Airport, wurde später wegen der möglichen Verwechslung mit »Killed In Action« in KAIA umbenannt.

ten« Fallschirmjägern, den Abfliegern. Sie waren sichtlich froh, schließlich hatten sie ihre Zeit hier jetzt fast hinter sich.

Wir übernahmen am KIA den MP-Container der Military Police und das Vorzelt, in dem unsere Röntgengeräte standen und wo der Metallbogen untergebracht war. Ab sofort waren wir zuständig für alle Soldaten, die aus Kabul rauswollten, und für alle, die hier ankamen.

Jeden Tag gab es ab morgens um fünf Uhr Flugbewegung am KIA. Je wärmer es wurde, desto weniger Paxe und Gepäck konnten die Flieger transportieren. Also war es sehr wichtig, dass die Paxe immer frühzeitig da waren und sofort fertig und abmarschbereit waren.

Gleich darauf landete der erste Flieger des Tages, jetzt lief alles ruck, zuck. Einer von uns drei lief sofort raus aufs Flugfeld und stand schon parat, als die Ladeklappe aufging. Dann wurden die Neuen kurz willkommen geheißen, und ihnen wurde befohlen, uns zu folgen. Der Lademeister wurde gefragt, wie viele Paxe und wie viel Gepäck er mitnehmen könne, und schon ging es zusammen mit den Neuen zum Sammelplatz. Er befand sich direkt vor dem alten Flugplatzgebäude. Dann hieß es oft wieder warten, denn erst wenn genügend Soldaten da waren und die Busse voll besetzt waren, wurde gefahren.

Bald hatten wir uns in unserem Container ein bisschen heimisch eingerichtet, so ließ es sich leben. Zumindest, wenn man keine andere Wahl hat. Wir hatten uns eine Satellitenschüssel gekauft und hatten so zumindest ein bisschen Heimat. Ein bisschen Heimat in unserem kleinen MP-Container, der mit vier Mann belegt war. Alles fand auf engstem Raum statt. Freiheit war nicht.

Kabul, 07. Juni 2003

Ein Morgen wie immer. Beim Frühstück trafen wir wie immer die Flugplaner, einen Hauptmann und einen Oberfeldwebel. Man besprach den kommenden Tag und wurde informiert, was an diesem Tag am Flughafen los sein würde. Anschließend machten wir einen Treffpunkt aus, um zusammen mit den Bussen und den Abfliegern zum KIA zu fahren.

Wir trafen uns wie vereinbart, und alles schien okay. Plötzlich bremste der Bus vor dem Stabsgebäude der Kabul Multi Nationale Brigade – der Oberfeldwebel hatte etwas vergessen und musste zurück.

Ich hielt mit meinem Wolf, einem Jeep, neben ihm, und mein Oberfeldwebel rief ihm zu, dass wir gleich losfahren würden. Wir machten Späße, sprachen davon, schon einmal Kaffee zu kochen, das Übliche eben. Wir verabschiedeten uns von den Busfahrern und fuhren los. Wir wollten die Röntgenmaschinen anwerfen, die Zelte öffnen und einfach alles vorbereiten, damit dann alles schnell vonstatten ginge, wenn die Abflieger ankamen.

Wir verließen das Camp und fuhren in Richtung KIA. Für uns war alles wie immer. Wir erreichten den Flughafen und fühlten uns sicher. Wir hatten gerade das Fahrzeug abgestellt und wollten aussteigen, als es plötzlich eine ohrenbetäubende Explosion gab. Wir erschraken, dachten jedoch, dass der EOD* wieder einmal alte Munition vernichtet hätte. Unmittelbar darauf erreichten wir unseren Container und begannen seelenruhig mit den Vorbereitungen.

Auf einmal gab es erste Gerüchte. Der Bus – er war noch immer nicht da, obwohl er längst hier sein sollte. Angeblich, hieß es, war der Bus auf der Route Violett auf eine Mine gefahren. Auf der Strecke, die auch wir gerade erst gefahren waren? Das schien unmöglich zu sein. Dann klingelte das Telefon. Unser Chef berich-

* Kampfmittelräumdienst

tete, der Bus sei einem Anschlag zum Opfer gefallen. Genauere Angaben gebe es noch nicht. Wir bekamen den Befehl, am KIA zu bleiben und erst am Abend zum Camp zurückzukehren.

Wir gingen ins Abfluggebäude, wo Fernseher aufgebaut waren. Auf CNN sahen wir sofort die ersten Bilder des Unfalls. Über uns kreisten schon die Transporthubschrauber und flogen die ersten Verletzten ins Camp. Plötzlich landeten die Hubschrauber auf dem KIA, und das Camp war voll mit Verletzten. Es gab nirgends mehr Platz. Weitere Schwerstverletzte und einige leichter Verletzte mussten im Camp von den Franzosen und den Belgiern versorgt werden. Jetzt kamen immer mehr Fahrzeuge an den KIA, wir sperrten alle Straßen ab und sorgten für freie Fahrt für die Rettungsfahrzeuge. Alles lief ab wie im Film.

Gegen Abend wurde es dann plötzlich ruhig. Sehr ruhig. Für uns war das Schlimmste geschafft. Nun mussten wir zurück ins Camp. Wir machten uns startklar. Die Waffen wurden fertig geladen, die Westen festgezogen, und dann ging es los. Einmal zum Camp – nur ein paar Kilometer. Doch heute war es sehr, sehr weit. Wir kamen am Anschlagsort vorbei. Alles war bereits wieder »sauber«, nur ein paar Splitter und die Spuren auf der Straße sowie auf dem angrenzenden Acker waren deutlich zu sehen. Niemand hätte es gewagt anzuhalten. Auch wir nicht. Mit Vollgas ging es zum Camp, zu groß war die Angst vor weiteren Anschlägen.

Wir erreichten das Camp. Die Sicherheitsvorkehrungen waren drastisch erhöht worden. Es wurde die höchste Sicherheitsstufe ausgerufen, die es gab. Alles schien auf den Beinen zu sein, zumindest am Gate.

Im Camp selbst herrschte Ruhe. Eine beängstigende Ruhe. Wir fuhren ins »Wohnzimmer«. Alle saßen da, waren still und betrübt. Kaum einer sprach ein Wort. Nur der Spieß begrüßte uns und sagte, dass er sich freue, dass wir heil hier wären. Von ihm erfuhren wir das ganze Ausmaß des Anschlags.

Beim Essen versuchten wir, unsere Freunde zu finden, den

Flugplaner, die Busfahrer, die anderen. Keiner von ihnen war da.

Am nächsten Morgen ging es noch früher als sonst zum Flughafen. Gleich am Morgen landeten die MedEvac-Maschinen aus Termez, und schon kamen auch die ersten Rettungswagen mit den am schwersten Verletzten. Sie wurden als Erste in die Maschine gebracht. Dann kam ein Bus mit den anderen Verletzten. Sie sahen übel zugerichtet aus. Keiner sagte ein Wort. Wir waren nur am Arbeiten, jetzt hieß es: einfach nur funktionieren. Keiner wusste, wie die Kameraden für den Flug vorbereitet werden mussten. Manche Kameraden hatten keinen Pass mehr, oder ihr Truppenausweis fehlte. Eigentlich hätten wir die Ausweise einsammeln müssen und sie dem Zoll in Usbekistan übergeben. Aber jetzt war alles anders. Wir schickten die Kameraden einfach so ohne Pässe in die Maschinen – was blieb uns anderes übrig? Wir hatten keine andere Wahl. Schließlich mussten die Kameraden raus. Raus aus diesem Land. Zurück in die Heimat.

Die Flieger hoben ab, einer nach dem anderen. Dann begann das Warten von neuem, denn die leichter Verletzten wollten natürlich auch so schnell wie möglich weg. Aber ihre Maschine kam noch nicht. Wir gingen in den Container und warteten. Da waren sie alle, die Freunde und die guten Kameraden, mit denen wir wochenlang zusammengearbeitet hatten, mit denen wir Spaß gehabt hatten, wir hatten zusammen gegrillt, gefeiert, getrunken. Keiner sagte ein Wort. Alle hatten sich verändert und waren kaum wiederzuerkennen. Martin, der Fahrer des ersten Busses, erzählte von dem, was er erlebt hatte. Er schien es verhältnismäßig gut verkraftet zu haben. Aber der Schein sollte trügen, wie ich später erfuhr.

Dann kam die Maschine für die Verletzten und für die Rettungskräfte, die den Einsatz am Anschlagsort nicht verkraftet hatten. Martin und die Flugplaner blieben noch für ein paar Tage. Aber nichts war mehr wie zuvor. Das Verhältnis war zerstört, die Menschen waren zerstört.

Die anschließenden Tage waren die Hölle. Keiner lachte mehr im Camp. Es gab keine Musik mehr, alle waren einfach nur erschüttert und betroffen.

Dann kam der Tag, an dem auch die letzten Verletzten, die letzten Freunde ausgeflogen wurden. Als sie weg waren, versuchten wir vorsichtig, wieder zum Alltag zurückzukehren. Was sehr schwer war angesichts des Erlebten und angesichts der noch vorhandenen Spuren im Camp. Wir mussten den verhüllten Bus leer räumen, die blutigen Kleidungsstücke galt es zu verbrennen, diese Dinge eben.

Plötzlich erhielten wir Transportpanzer. Der Transport zum Flughafen war ab sofort nur noch in den gepanzerten Fahrzeugen erlaubt. Unsere leichten, ungepanzerten Fahrzeuge wurden mit Eisenplatten ausgekleidet. So hatten wir dann zumindest einen mittleren Minenschutz, der das Gröbste abhalten sollte. Beruhigt hat das keinen.

Im Gegenteil. Die Fahrt zum KIA wurde jedes Mal zur reinsten Kamikazefahrt. Vollgas, und nur im äußersten Notfall bremsen. Das Motto »smile & wave«, »Lachen und Winken«, galt längst nicht mehr. Wem sollten wir hier noch zuwinken? Das verlorene Vertrauen in dieses Land kehrte nie mehr zurück.

Wir flogen am 31. August 2003 aus. Wir hatten es geschafft. Wir hatten überlebt. Aber welchen Preis wir dafür bezahlt haben, das schien niemanden zu interessieren. Keiner kam und fragte nach dem Erlebten oder bot seine Hilfe an. Keiner. Außer einigen, die von ihrer Sensationsgier getrieben wurden.

Keiner, der das nicht erleben musste, kann es im Nachhinein verstehen. Und jeder soll auch froh sein, dass er es nicht erleben musste.

Wir waren Soldaten, und das war unser Job. Was wir erleben mussten, war selbstverständlich – zumindest in den Augen der Bundeswehr.

Ich hab's überlebt und bin heilfroh und dankbar dafür.

Endlich waren wir wieder im Land, wir waren zu Hause. Endlich. Was kann es nach einem vier Monate langen Leben im Zelt unter schlimmen Bedingungen Schöneres geben, als wieder zu Hause zu sein? Nichts.

Noch dazu waren wir gesund wieder zurückgekehrt. Wir atmeten die frische, saubere Luft, wir liefen über grüne Wiesen und bewegten uns frei und unbeschwert. Ohne Waffe, ohne Angst, ohne Sorgen. Wir taten es einfach, und alles ohne Befehl. Nun konnten wir den Luxus, den uns das Leben hier in Deutschland bietet, wieder in vollen Zügen genießen.

Heute glaube ich, man muss erst einmal alles verlieren, bevor man das, was man hat, wirklich zu schätzen weiß. Einfach frei sein. Wenn man den Unterschied einmal kennengelernt hat, denkt man ganz anders. Man lernt die kleinen Dinge des Lebens viel mehr zu schätzen. Man achtet sie mehr, wenn man merkt, wie wertvoll das alles ist, was man bis dahin für selbstverständlich nahm.

Man fliegt in ein fremdes Land, das man nur aus Erzählungen kennt. Ein Land, in dem du auf alles verzichten musst, was du an einem zivilisierten Leben schätzt. Man bekommt von der Bundeswehr einen hohen Tagessatz, und alles ist gut. Zumindest denken alle so. So viel Geld.

Wie oft habe ich das gehört! Aber mir ist während meines Einsatzes die Frau abgehauen. Sie konnte es nicht mehr aushalten. Sie hatte nicht die Kraft, das alles zu verstehen und allein und mit mir durchzustehen. Die Ungewissheit, was mit dem Freund ist, wenn im Fernsehen wieder einmal berichtet wurde über irgendwelche Anschläge auf ISAF-Truppen. Sie war nicht stark genug.

Wir hatten jeden Tag Angst auf den Straßen Kabuls. Ein bisschen. Gesunde Angst. Und Respekt vor dem Land und dem Unbekannten. Mit den Gedanken aber waren wir immer zu Hause bei der Familie.

Zurück in Deutschland hat man dann für seinen Einsatz eher Spott und Verachtung geerntet. Wenn man dann noch wie ich die Frau verloren hat, dann weiß man, wie wertvoll das alles ist, was man zu Hause hat. Das kann man auch mit Geld nicht aufwiegen. Wie hoch der Tagessatz auch immer sein mag.

Nur schade, dass die Leute hier genau diese Seite nie sehen. Dann hätten sie mehr Verständnis für den Soldaten, der sein Leben und seine Gesundheit riskiert. Der alles aufgibt, um den Job dort unten zu erledigen.

Splitter

Meine große Anerkennung! Für euer Engagement in den Einsätzen und dafür, dass ihr eure Geschichten freigebt.

Ich bin eher zufällig mit diesem Thema in Berührung gekommen, durch einen Mann und Soldaten, der mir sehr wichtig geworden ist, der mir Einblick gewährt hat in seine Erfahrungen, der dadurch mein Leben bereichert hat. Ich habe mir bis dato nicht bewusstgemacht, was ihr auf euch nehmt im Dienst an unserem Land und wie ignorant wir, die normale Bevölkerung, euch begegnen.

Seit ich Paul kenne und Heikes Buch gelesen habe, seid gewiss: Eine mehr in diesem Land, die vor euch große Achtung hat! Wenn ich auch nicht »dazugehöre«, so bin ich mir eurer Leistungen bewusst und oft, wenn ich gemütlich und sicher zu Hause, bei der Arbeit oder sonstwo sitze, denke ich an euch und schicke ein Gebet um Kraft und Stärke und Hoffnung für euch gen Himmel.

Von meiner Seite aus kann ich sagen: Ihr seid nicht allein! Um zusammenzustehen, ist eins ganz wichtig: Teilt mit uns, indem ihr euch mitteilt, immer wieder, damit wir verstehen lernen, was euch bewegt, was euch verändert hat und auch, damit wir eure Leistungen achten können.

Anett Goubeaud
(aus einem Brief)

Andrea Beljo
Heute leben wir von unseren Erinnerungen

Mein Name ist Andrea Beljo, ich bin verwitwet und Mutter zweier Kinder, elf und sieben Jahre. Mein Mann Andrejas starb am 7. Juni 2003 bei dem Selbstmordanschlag auf den Bundeswehrbus in Kabul.

Es war sein fünfter Einsatz in fünf Jahren. Er war vor diesem Einsatz in Afghanistan viermal auf dem Balkan gewesen. Andrejas ist in Deutschland geboren und deutschsprachig aufgewachsen, doch seine Eltern sind bosnische Kroaten.

Er war im Januar 2002 aus einem Einsatz gerade wiedergekommen, als wir anfingen, zu Hause anzubauen. Unsere Tochter wurde im Sommer 2002 geboren, und Andrejas konnte nur am Wochenende nach Hause kommen. Er hatte die Ausbildung zum Offiziersanwärter angefangen und wurde nach Frankenberg/Eder versetzt.

Als er irgendwann nach Hause kam und erzählte, dass für ihn eine Auslandsverwendung in Afghanistan ansteht, weil er diese brauchte für seine Ausbildung, war das Entsetzen meinerseits groß. Er war doch gerade erst zurückgekommen, jetzt sollte er schon wieder fort? Wie sollte ich das alles schaffen, der Bau, die Kinder, die alleinige Verantwortung?

Er machte noch Witze darüber, dass sein Chef ihn eigentlich schon über Weihnachten eingeplant hatte, und er ihm dann zu verstehen gegeben habe, dass er gehen würde – und nur, wenn sein Chef mir das erklären würde ... Schließlich wäre er das letzte Weihnachtsfest schon nicht zu Hause gewesen. Sein Chef meinte, obwohl er mich nicht kannte: »Nein, mit Ihrer Frau lege ich mich nicht an!«

Wir heirateten im Februar 2003 noch kirchlich und ließen unsere Tochter taufen. Im März ging es dann für Andrejas nach Kabul.

In diesen 3½ Monaten Einsatz passierte so viel! Wir waren alle nervös und teilweise panisch. Wir erfuhren in den Nachrichten von Raketeneinschlägen, Selbstmordanschlägen und Toten. Nach dem Flugzeugabsturz der Spanier war Andrejas sehr betroffen. Er erzählte mir am Telefon: »Wir haben mit den Spaniern noch Abschied gefeiert, und jetzt sind sie tot. Die armen Familien.«

Ich hatte an diesem Tag auch nichts Positives zu berichten. Sein Kumpel hatte einen schweren Arbeitsunfall, so schlimm, dass er ab da mit dem Rollstuhl leben musste. Andrejas konnte es nicht fassen und wäre am liebsten zu ihm ins Krankenhaus gefahren.

Wenn wir die Möglichkeit bekamen zu telefonieren, empfand ich Andrejas' Stimmung meist gut, doch die Anspannung auf beiden Seiten ließ sich nicht leugnen. Er rief auch immer an, wenn wieder einmal etwas passiert war, um ein Lebenszeichen von sich zu geben. Er wusste, dass ich es ja doch mitbekomme und keine Ruhe hätte, bis ich seine Stimme hören durfte!

Dieser Einsatz war vom ersten Tag an anders. Ich hatte Angst, das erste Mal richtig Angst. Ich konnte nachts nicht schlafen, obwohl ich mich tagsüber um unsere Kinder kümmerte und auf unserem Rohbau arbeitete. Ich habe Tapezieren gelernt und auch das Verlegen von Laminatboden. Mit diesen Tätigkeiten habe ich mich abzulenken versucht.

Mir gingen die Bilder nicht aus dem Kopf, wie Andrejas sich von uns und vor allem von Justin, unserem Ältesten, verabschiedet hatte. Er weinte, drückte den kleinen Mann und sprach ihm Mut und Verantwortung zu. »Engel, du musst jetzt tapfer sein, du bist jetzt der Mann im Haus, pass auf Mama und Marina auf! Sei schön lieb, ich komm bald wieder!«

Ich habe Andrejas noch nie so mit seinen Gefühlen kämpfen sehen.

Am Abend vor der Heimkehr, am Abend vor dem Attentat klingelte das Telefon. Ich war verblüfft, als ich Andrejas' Stimme am anderen Ende hörte. Denn eigentlich wollte er sich nur melden, wenn sich mit dem Flieger etwas änderte. Ich fragte sofort: »Ist was passiert, oder kommst du doch nicht? Ist der Flug verschoben?« Er schrie voller Freude: »Nein, ich wollte nur noch mal deine Stimme hören. Ich komme nach Hause, Klamotten sind gepackt! Morgen früh geht's los!«

Ich fragte noch, wie die Lage im Land ist, und er sagte etwas, was ich niemals vergessen werde: »Es ist ruhig. Zu ruhig. Das ist die Ruhe vor dem Sturm!«

Ich sollte erst am nächsten Tag erfahren, welche Auswirkungen ein solcher Sturm haben konnte.

Der Priester und ein Mann in Uniform

Es war Pfingstsamstag, sechs Uhr in der Früh, unsere Nacht war zu Ende. Unsere Tochter schrie wie am Spieß und ließ sich nicht beruhigen. Ich hatte sie noch nie so erlebt, denn eigentlich schlief sie gut und ausgiebig. Irgendwann, nach langem Hin und Her, schlief sie wieder ein. Ich blieb wach und nutzte die Zeit, um einen Einkaufszettel zu schreiben für die geplante Willkommensparty mit 25 Leuten. Nach dem Frühstück fing ich mit meinen Besorgungen an. Als ich alles hatte und noch das Auto gewaschen hatte, klingelte das Telefon. Eine Stimme schrie ins Telefon: »Sag, dass es ihm gut geht! Sag, dass es ihm gut geht!«

Ich war so erschrocken und wusste überhaupt nichts damit anzufangen. Bis ich gecheckt habe, wer da am Telefon war, nämlich eine gute Bekannte, verging eine ganze Zeit. Sie hatte im Fernsehen gesehen, dass in Kabul etwas mit einem Bundeswehrbus, der auf dem Weg zum Flughafen gewesen war, passiert war. Mit diesen Informationen stand ich jetzt vor dem Fernseher meiner Schwiegereltern, die mit uns im Haus lebten, und versuchte mich nervös am Teletext. Es gelang mir nicht. Den Teletext brauchte ich aber auch nicht mehr, denn die Bilder vom Bus waren auf allen Sendern zu sehen. Die Bilder sprachen Bände, ich zitterte am ganzen Körper und wusste nicht, wohin mit mir.

Als Nächstes schossen mir die Worte meines Mannes durch den Kopf: »Wenn mir was passiert, dann erfährst du es nicht über die Medien, sondern es werden Leute kommen, die dir Bescheid geben.« Doch darauf wollte und konnte ich mich nicht verlassen.

Die Panik breitete sich im Haus aus, ich verzog mich nach oben in unsere Wohnung und telefonierte mit dem Familienbetreuungszentrum, aber die konnten oder durften nichts sagen. Ich rief die Frau eines Kameraden an. Sie teilte mir mit, dass sich ihr Mann gemeldet hat. Dass es ihm gut geht und dass es wirklich den Heimkehrerbus erwischt hat! Sie gab sich Mühe, mich zu beruhigen: »Unsere Männer waren doch immer zusammen gewesen. Die haben bestimmt nebeneinander im Bus gesessen, also geht es Andrejas bestimmt auch gut!«

Mein Bauch sagte mir etwas anderes, und ich ging duschen, um mir die schrecklichen Gedanken, die ich hatte, abzuwaschen. Unseren Sohn habe ich danach von meiner Freundin abholen lassen, denn mir wurde immer mehr klar, gleich stehen hier Leute vor der Tür, und er sollte das nicht direkt mitbekommen.

Diese ließen dann auch nicht lange auf sich warten. Es schellte an der Tür, danach hörte ich nur einen entsetzlichen Aufschrei meiner Schwiegermutter, ich rannte so schnell wie möglich die Treppe nach unten, und da stand er, der Priester! Dahinter ein Mann in Uniform. Sie brauchten nichts zu sagen, ihre Anwesenheit reichte.

Das Haus wurde mir zu eng, ich wollte weglaufen, aber ich konnte nicht. Andrejas' Mutter schrie und schrie und schrie, und ich stand da, regungslos, meine Gedanken kreisten, mir wurde schlecht. Dieses Schreien machte mich aggressiv, und es machte mich fertig, in die Augen meiner Schwiegereltern zu schauen, die Augen waren voller Panik, Angst und Entsetzen. Mir war, als ob mir jemand einen Spiegel vorhielt. Was sie rauslassen konnte durch ihr Schreien, saß bei mir ganz tief im Verborgenen und konnte nicht raus.

Ich wusste nicht, was ich machen sollte, dieser Schmerz, diese Ohnmacht und diese Leere in mir, und dann Andrejas' Eltern so zu sehen. Wo sollte ich anfangen zu helfen. Bei ihnen, bei mir, bei meinen Kindern oder den Brüdern von Andrejas? Niemand wusste, wohin mit seiner Trauer! Nachdem ein Arzt da war und meine Schwiegermutter versorgt hatte, wurde es still, totenstill, kaum zu ertragen.

Ich weiß noch, dass ich dem Kommandeur, das war der uniformierte Mensch hinter dem Priester, eine Frage immer wieder gestellt habe: »Wie sicher ist es, dass es wirklich Andrejas ist?« Alles sträubte sich in mir, dass Andrejas, mein Mann, der Vater meiner Kinder und mein bester Freund, nicht mehr nach Hause kommen würde. Wir waren seit unserem 16. Lebensjahr zusammen, also zwölf Jahre, das ist fast die Hälfte unseres Lebens. Er war immer für mich da, und jetzt sollte das nicht mehr so sein. Ich wollte und konnte das nicht glauben.

Nie wieder sein Lachen hören, ihn nie wieder berühren dürfen. Wir waren so oft schon getrennt gewesen, durch Auslandseinsätze oder Lehrgänge. Er war immer zurückgekommen, und nun? Das alles war wie im Traum, wie in einem Albtraum, aus dem man nicht wach wird.

Unser Haus füllte sich mit Familie und Freunden, niemand wusste, was er sagen sollte. Mir war es recht, weil man dazu auch nichts sagen kann. Ich sah es in ihrer aller Augen, das war bedrückend genug für mich. Am liebsten hätte ich all die Trauer auf mich genommen, ich wollte helfen. Aber wie, wenn man sich selbst nicht helfen kann.

Ich funktionierte irgendwie und überlegte, wie ich das Justin erklären sollte. Er freute sich doch so auf seinen Papa. Wir haben vor dem Einsatz Steine gesammelt. Für jeden Einsatztag legten wir einen Stein weg, wenn ein Tag zu Ende ging. Nun lag da nur noch einer, für einmal schlafen. An diesem Tag habe ich ihm noch nichts gesagt, ich lag die Nacht wach, weinte und flehte, dass es doch nicht Andrejas erwischt hat.

Am nächsten Tag, als mein Bruder und meine Schwägerin kamen, nahm ich mir Justin auf den Schoß, doch er weigerte sich und wollte lieber vor mir sitzen bleiben. Ich fing an, dass Papa ja eigentlich heute nach Hause kommen sollte, er aber nicht kommen kann. Justin fing vor Wut an zu weinen und sagte: »Er hat es versprochen, und du hast es auch versprochen!«

Ich antwortete: »Ja, das haben wir, aber Papa kann nicht nach Hause kommen. Er hatte einen Unfall!« Justin war erschrocken und hörte auf zu weinen. Er fragte empört: »Wann denn dann?« Mir blieb alles im Hals stecken, alles wehrte sich in mir, es auszusprechen, mir liefen die Tränen immer weiter. Justin kam zu mir und versuchte mich zu trösten. Ich erklärte weiter: »Er hat sich so schwer verletzt, dass er an seinen Verletzungen gestorben ist. Papa ist tot!« Es wurde still, keiner sagte etwas. Doch dann kamen seine Fragen, wo ist das passiert, wie ist das passiert, warum ist das passiert? Ich erklärte ihm, dass der Bus einen Verkehrsunfall auf dem Weg zum Flughafen hatte und ich selbst noch nicht genug wissen würde, um es ihm genauer zu erklären.

Justin war 3½ Jahre alt. Die Wahrheit wäre zu hart gewesen, also blieb ich bei der Geschichte, Andrejas hätte einen Verkehrsunfall gehabt. Justin stellte Frage um Frage, und ich versuchte, ihm alles kindgerecht zu erklären. Er kam mir in diesen Momenten des Gesprächs so tapfer und groß vor, viel stärker und größer, als ich es war. Er weinte nicht und blieb ganz ruhig, er tröstete mich und wischte mir die Tränen weg.

Später verstand ich, dass Justin sich nur an das hielt, was Papa ihm bei der Verabschiedung gesagt hatte: »Engel, du musst jetzt tapfer sein, du bist jetzt der Mann im Haus, pass auf Mama und Marina auf!«

Bevor Justin eingeschult wurde, habe ich ihm die Wahrheit erzählt, denn ich wollte verhindern, dass andere Kinder aus seinem Umfeld ihm das erzählten. Schließlich waren dort an der Schule größere und ältere Kinder, die vielleicht mehr wussten. Uns ist es nämlich in der Vergangenheit im Kindergarten schon passiert, dass Kinder im gleichen Alter zur Begrüßung Sätze sagten wie: »Ah, da ist ja der Beljo, wo der Papa in die Luft gesprengt wurde!« Wir erschraken beim ersten Mal, und es tat weh, aber irgendwann hörte man nur noch weg.

Heute leben wir von unseren Erinnerungen. Meinem Sohn und mir fallen genug Dinge ein, über die wir auch herzlich lachen, aber auch weinen können. Bei unserer Tochter, die ihren Papa das letzte Mal gesehen hat, als sie sechs Monate alt war, ist das anders. Sie ist traurig, keine Erinnerungen zu haben. Sie sagte vor einiger Zeit unter Tränen zu mir: »Ihr habt es gut, ihr wisst, ob Papa viele Haare oder wenig Haare hat. Ihr wisst, wie er redet, ob er groß oder klein ist! Ich weiß das nicht, und ich finde das so gemein!« Wir werden uns ein Video anschauen, um ihr zu helfen, aber erst dann, wenn sie es möchte und danach verlangt.

Auch wenn es oft so dargestellt wird, dass Kinder vergessen. Ich halte mit meinen Erfahrungen dagegen: Sie vergessen nicht. Man versucht, das Thema Tod nur immer totzuschweigen und fernzuhalten. Kinder sollten aber drüber reden dürfen, wenn sie es möchten, auch wenn es den Erwachsenen wehtut.

Es vergeht kein Tag, an dem ich nicht an all das Geschehene denke, es ist da und wird mich niemals loslassen. Andrejas wird immer ein Teil von uns sein, und das kann uns niemand nehmen. Ich sehe ihn jeden Tag in den Augen unserer Tochter Marina, im Verhalten und Lachen unseres Sohnes Justin, und das ist gut so.

Die Zeit heilt keine Wunden, man lernt nur, mit dem Unfassbaren zu leben.

Ich habe diesen Beitrag zu diesem Buch gern geschrieben, weil es Zeit ist, unseren Soldatinnen und Soldaten endlich den nötigen Respekt zuteil werden zu lassen, den sie bei der Ausübung ihres Dienstes für die Bundesrepublik Deutschland verdienen. Es ist aber auch Zeit, endlich über die damit verbundenen Risiken zu sprechen und nichts schönzureden.

Zu guter Letzt möchte ich allen danken, die mich in den schweren Zeiten unterstützt haben, vor allem gilt mein Dank meinen Kindern, meinem Freund, meiner Familie und meinen Freunden.

Splitter

Einsatzfähigkeit und Auftragserfüllung der Streitkräfte haben Vorrang auch gegenüber den berechtigten Forderungen Einzelner nach Vereinbarkeit von Familie und Dienst in den Streitkräften. Diese Besonderheiten des militärischen Dienstes müssen Soldaten und Soldatinnen kennen und akzeptieren. Sie müssen auch bereit sein, daraus resultierende, erforderliche Einschränkungen hinzunehmen. Gleichwohl stellen dienstliche Forderungen und private Belange nicht immer konkurrierende Ziele dar.
*Handbuch zur Vereinbarkeit von Familie und Dienst
in den Streitkräften*

Clemens Konitz
Polizeiausbildung in Afghanistan

[Clemens Konitz*, Polizeiausbilder, Mazar-e Sharif 2008]

Um es vorweg zu sagen: Niemand hat mich gezwungen, nach Afghanistan zu gehen. Ich war auch schon zwölf Monate auf dem Balkan, und es war jedes Mal meine Entscheidung, es war freiwillig, und ich habe es nicht bereut.

Politische Statements kann man immer abgeben, praktische Arbeit vor Ort ist etwas anderes, und das war es, was ich machen wollte. Solche Einsätze werden gut bezahlt, aber da ist noch mehr. Es sind Erfahrungen, die nicht viele Menschen in unserer Gesellschaft machen können. Es sind Grenzerfahrungen in unserer Zeit. Die Welt ist kleiner geworden, Internet, Nachrichten, man kann das Gefühl haben, ständig *live* an jedem Ort der Welt zu sein. Das in den Medien Gehörte und Gelesene ist aber nicht die Realität eines persönlichen Erlebens, es sind lediglich Momentaufnahmen, danach kehrt wieder der normale Alltag ein.

Unsere Supermärkte und Einkaufscenter sind voller Überfluss, wir beschäftigen uns dauernd mit Luxusproblemen. Wir sind so mit unserer Welt beschäftigt, dass wir nicht mehr wissen, was wir tun sollen, wenn einmal die Energieversorgung zusammenbricht oder das Handy eine Stunde nicht funktioniert. Wir haben unsere Probleme, nur sind die etwas anders gelagert als in anderen Teilen der Welt.

Während der Vorbereitungskurse las ich täglich die Lagemeldungen aus Afghanistan und zappte auf der Suche nach aktuellen

* Der Name wurde geändert

66

Informationen durch die Nachrichtenkanäle. Fast immer ging es um Tod und Zerstörung. Die Verhaltensrichtlinien, was alles zu beachten ist, um sich so gut wie möglich zu schützen, wurden mit uns bis an die physischen und psychischen Belastungsgrenzen durchexerziert. Kracht es hier bei uns einmal, ist meist nur ein Verkehrsunfall mit Sachschaden passiert. Kracht es aber dort, hat das gravierendere Folgen.

Erst wenn man nach einem Einsatz wieder zu Hause ist, kommt der Prozess der Verarbeitung, und der ist leider nicht terminiert. Wenn ich zugebe, dass ich auch heute nicht ohne Erste-Hilfe-Bag aus dem Haus gehe oder dass bei uns im Schlafzimmer ein Seil zum Abseilen für den Notfall bereitliegt, dass der Blick unters Auto vor Fahrtbeginn Routine ist (meiner Frau sage ich dann, ich würde nur nachsehen, dass kein Kätzchen druntersitzt …), wer weiß, ob das jemand verstehen würde.

Ich glaube, dass die Verarbeitung meines Erlebens für mich jetzt beginnt, und darum schreibe ich meine Geschichte auf.

Afghanistan ist kein Urlaubsland

Als die Welt am 11. September 2001 den Atem anhielt, war ich gerade bei einem Englischseminar. Afghanistan spielte bis zu diesem Zeitpunkt keine Rolle, ich bereitete mich auf meinen Balkaneinsatz vor, der schließlich ein Jahr dauerte. Als später die Bilder von den Luftangriffen der USA auf Afghanistan um die Welt gingen, wusste ich allerdings bereits, dass ich eines Tages in diesem Land sein würde.

Später dann war klar, ich würde bei der Ausbildung von afghanischen Polizisten zum Einsatz kommen. Die Polizeiakademie in Kabul bildet Polizisten für den gehobenen Dienst aus, auch an anderen Standorten wird intensiv ausgebildet. Dennoch fehlen vor allem die »Satamanen«, die einfachen Polizisten.

Für mich begannen wochenlange Aus- und Fortbildungsmaßnahmen. Dabei wurde so ziemlich alles behandelt, was auf einen zukommen kann. Von den Verhaltensregeln im Umgang mit Einheimischen, Informationen über Land, Geschichte und Kultur, über Gesundheitsgefahren sowie alle möglichen Vorsichtsmaßnahmen, um Leben und Gesundheit zu erhalten. Ausbilder und Dozenten wussten, wovon sie sprachen, sie kannten Land und Leute. Es ist enorm wichtig zu wissen, ob man für einen solchen Einsatz überhaupt geeignet ist. Die Ausbildung führt jeden an einen Punkt, wo er feststellen muss, ob er wirklich in diesen Einsatz gehen will.

Es dauerte noch viele Monate, bis ich endlich mit den anderen Kameraden in den Airbus der Luftwaffe stieg, um von Köln aus nach Termez zu fliegen. Nach ca. sechs Stunden Flug landete unser Trupp auf dem von der Bundeswehr betriebenen Luftwaffenstützpunkt in Usbekistan. Es war knallend hell und heiß, und nach einigen Stunden traten die ersten kleinen, aber ernstzunehmenden Schwierigkeiten auf. Obwohl immer wieder darauf hingewiesen worden war, ausreichend zu trinken, hatte ich nicht genug Flüssigkeit zu mir genommen. Kopfschmerzen und Kreislaufprobleme stellten sich ein. Der untersuchende Arzt sagte nur noch: trinken, trinken, trinken. Irgendwann war dann die Akklimatisierung geschafft. Wir trugen damals noch die dunklen Uniformen, Tropenbekleidung wurde erst zu einem späteren Zeitpunkt eingeführt.

Termez ist ein Drehkreuz, hier herrscht ein ständiges Kommen und Gehen. Die Sicherheitslage und das Wetter haben großen Einfluss auf den Flugbetrieb. Nach zwei Wartetagen startete dann die »Transe«, die Transall, in Richtung Mazar-e Sharif, der größten Basis der Bundeswehr außerhalb Deutschlands, und 30 Minuten später wurden wir im Transitzelt herzlich willkommen geheißen. Es konnte losgehen. Ich war dabei.

Und es ging los. Als Erstes fiel mir auf, dass halbmast geflaggt war. Eine der Nationen hatte wieder Gefallene zu beklagen. Dies hier war kein Spiel mehr oder eine Übung wie im Training, wo es bei einem Fehltritt heißt: »Jetzt sind Sie tot.« Das war die Realität, auf die wir vorbereitet wurden und die doch nie erlernbar ist.

Der Konvoi wurde zusammengestellt, und die Verhaltensregeln wurden in aller Kürze noch mal aufgerufen, was bei einem Angriff, Attentat oder einer Minenexplosion zu beachten ist.

In den deutschen Medien wird heutzutage von »kriegsähnlichen Zuständen« gesprochen. Es wird häufig vermieden zu sagen, dass es sich um Krieg handelt. Deutschland stellt Truppen für die ISAF, und ISAF-Truppen sind ständig in Kämpfe verwickelt bzw. werden angegriffen. Die Taliban, die Aufständischen oder wie immer man sie auch bezeichnet, wissen ganz genau, welche politischen Folgen die Handlungen der ISAF-Truppen in den betreffenden Ländern haben. Auch leider hier bei uns, wo »Experten« sich sofort allwissend äußern, obwohl bei genauer Betrachtungsweise doch Zurückhaltung geboten wäre. So lange, bis alle Fakten und Zusammenhänge bekannt sind. Aber: Soldaten und Polizisten müssen wissen, woran sie sind, nur das gibt ihnen die erforderliche Sicherheit im Handeln. Professionelle Äußerungen zeugen von Verantwortung.

Einwurf meiner Ehefrau: Ein Soldat oder Polizist muss akut, sehr schnell und nach bestem Wissen und Gewissen entscheiden. Würde er es nicht tun, bringt er sich selbst, seine Kameraden sowie Unschuldige in Lebensgefahr. Das nennt man gegenwärtiges Handeln. Diese Männer und Frauen sichern auch den vorhandenen Frieden im eigenen Land. Ende des Einwurfs.

Zurück zum Konvoi. Viel Platz ist in einem Dingo, diesem gepanzerten Radfahrzeug, nicht, doch dieses Fahrzeug bietet den größtmöglichen Schutz. Ich saß im letzten Fahrzeug, und immer, wenn ein Auto oder Motorrad zu nahe kamen und sich das MG zu ihnen nach unten senkte, um der Aufforderung nach Abstand Nachdruck zu verleihen, waren die Nerven zum Zerreißen gespannt.

Die Fahrt verlief ohne besondere Vorkommnisse.

Am Ziel, einer großen Liegenschaft der ANA (Afghan National Army) eingetroffen, wurde erst mal das Quartier bezogen. Nach einer kurzen Eingewöhnung an das Lagerleben und an all die Regularien einschließlich der Abläufe, wie bei einem Raketenangriff oder gar einer Evakuierung zu verfahren ist, konnte dann mit der eigentlichen Aufgabe begonnen werden.

Die Ausbildung dient dem Überleben

Diese Ausbildung ist vom Inhalt und den Umständen her nicht vergleichbar mit einer Ausbildung in Deutschland. Aus einfachen Menschen innerhalb weniger Wochen Polizisten zu machen, erschien daher als kaum lösbare Aufgabe. Allein schon die materiellen Bedingungen hatten es in sich, Steine und Bretter dienten als einfachste Sitzgelegenheit, Tische und Stühle sowie Betten kamen erst später hinzu. Die Schwierigkeiten bei der Verständigung taten ein Übriges. Nicht jeder der Polizeikadetten sprach Paschtu oder Dari, viele von ihnen waren zudem Analphabeten.

Sicherlich gibt es ganz verschiedene Motivationen für Afghanen, Polizist zu werden. Sie reichen von der Überzeugung, etwas für das Land zu tun, nach jahrzehntelangem Krieg endlich einen eigenen Beitrag zu leisten, bis hin zu dem Umstand, mehrere Wochen lang geregelte Mahlzeiten zu bekommen. Und bestimmt, das ist aber eine nicht bewiesene Vermutung von mir, hat der eine oder andere gut Ausgebildete später die Seiten gewechselt. Man darf nicht vergessen, der Verdienst eines Polizisten ist mehr als gering, er beträgt knapp 100 Dollar, und das reicht nicht aus, um eine Familie zu ernähren. Kein Wunder, dass es Korruption gibt. Drogenbosse können es sich leisten, ein Vielfaches des Betrags bezahlen, und sie bekommen gut ausgebildete Leute.

Bei der Ausbildung kam bestimmt auch das »Gründliche« in uns Ausbildern durch. Ich möchte das nicht negativ verstanden wissen, Gründlichkeit, Pünktlichkeit sind Tugenden, die vorsichtig angewandt werden mussten, um niemanden zu verprellen. Der Afghane sagt nicht umsonst: »Ich habe die Zeit.« Mit der Tür ins Haus fallen und sofort auf den Punkt kommen widerspricht der afghanischen Kultur und Lebensweise. Und nach und nach wurden Fortschritte sichtbar. Abstriche von der Ausbildung wurden nicht zugelassen, alle mussten da durch, und siehe da, mit Motivation, Ansporn und manchmal auch einem etwas lauteren Wort kam der Erfolg.

Afghanische Polizisten sind in ihrem Land weitaus mehr gefährdet als in demokratischen Ländern. Eine gründliche Ausbildung stärkt ganz einfach ausgedrückt die Überlebensfähigkeit, vor allem in bewaffneten Auseinandersetzungen mit Talibankämpfern, aber auch mit gewöhnlichen Kriminellen.

Afghanische Menschen sind sehr freundlich; wenn sie erst mal jemanden in ihr Herz geschlossen haben, dann ist das für immer. Und sie sind offen, gelehrig, einfach, dankbar. Wie ich in den vielen Gesprächen immer wieder herausgehört habe, wollen sie nach dem jahrzehntelangen Leid endlich Ruhe und Frieden haben. Sie wollen ihr Land ungestört aufbauen, ohne ständige Störungen durch die Taliban und andere, vor allem Islamisten aus dem arabischen und pakistanischen Raum.

Die deutsche Fahne besitzt hier einen hohen Stellenwert, das ist schon aus der Vergangenheit her begründet. Und es gilt auch heute noch, obwohl deutsche Truppen immer wieder in Kämpfe verwickelt werden. Aber das ist ihr Land, ihre Tradition, jedes »Implantieren westlicher Demokratien« kann nur zum Scheitern verurteilt sein. Mehr als einmal wurde in den Gesprächen, die Kadetten und Dolmetscher mit mir führten, gesagt: Wenn ihr abzieht, kommen die Taliban wieder, dann wird alles nur noch schlimmer, und das werdet ihr zu Hause auch zu spüren bekommen. Wer hat das Patentrezept?

Neben dem Camp, das eigens zu Ausbildungszwecken aufgebaut wurde, sahen wir täglich einen alten Mann mit einem alten Zugtier und einem Pflug bei der Arbeit, wie vor Hunderten von Jahren. Er bestellte mehrere Reihen seines eigenen Feldes mit Zitrusfrüchten, in sengender Hitze, ohne zu wissen, ob er überhaupt ernten würde und, falls doch, ob er die Früchte verkaufen könnte. Oder ein anderes Beispiel: Die leeren Trinkflaschen aus Plastik, die sich im Ausbildungscamp anhäuften, wurden regelmäßig durch kleine Kinder eingesammelt. Ein Beitrag, um die Familie zu unterstützen. Nicht jedes Kind hat die Möglichkeit, zur Schule zu gehen, und die, die es können, tun das mit Stolz und Fleiß. Geht es uns zu gut?

Mittlerweile stiegen die Temperaturen auf durchschnittlich 40 Grad am Tage. Die physische Belastung machte sich bemerkbar. Uniform, schwere Schutzweste, Helm, Bewaffnung, alles wiegt, aber war unverzichtbar.

Es war nicht nur die Hitze, vor der man sich in Acht nehmen musste. Dehydrierung ist sehr gefährlich, und das geht schneller, als man denken kann. Dann der Schmutz, die ständige hygienische Wachsamkeit ist für die eigene Gesundheit unerlässlich. Wenn man im Fernsehen die Soldaten sieht mit den Palästinensertüchern vor dem Gesicht, dann mag das ja toll und cool aussehen, aber wenn man weiß, dass die Menschen in Afghanistan ihre Notdurft oft im Freien verrichten, diese Exkremente dann zu Staub zerfallen und als Fäkalstaub durch die Luft wirbeln, dann erst wird der Nutzen der Tücher richtig erklärbar. Wird dieser Staub eingeatmet, kann es zu schweren gesundheitlichen Problemen kommen.

Mittlerweile ging die Ausbildung immer besser voran. Es machte Spaß, mit anzusehen, wie aus einem »zusammengewürfelten Haufen« so etwas wie eine Einheit entstand.

Eine Reihe von Ausbildungselementen war auch für uns neu und nur den Älteren noch bekannt. Die Polizei in Afghanistan hat auch Aufgaben zu erfüllen, die es bei uns so nicht gibt. Das hat mit der Gewaltenteilung bei uns zu tun. So sind die Schieß- und die Taktikausbildung mit ihren Elementen hier stark militärisch orientiert. Patrouillen, Hinterhalte, besondere Formen der Personen- und Fahrzeugkontrollen sind als Lerninhalte den Gegebenheiten des Landes angepasst.

Die Fortschritte in der Ausbildung ließen sich auch an den von uns durchgeführten Zwischentests, etwa bei der Körperertüchtigung, sehen. Sicherlich beeindruckt ein 2000-Meter-Lauf in 15 Minuten bei uns niemanden, angesichts der Kondition und der doch von Mangelernährung gezeichneten physischen Verfassung der Kadetten handelte es sich dabei aber um eine Leistung, die es zu honorieren galt. Alle strengten sich an, und manche gaben tatsächlich ihr Letztes …

Ihr Stolz auf das, was sie leisteten, war unglaublich. Aufgeben schien ein Fremdwort zu sein. Ich erinnere mich an einen Kadetten, der seinen Prüfungslauf trotz eines angebrochenen Mittelfußes absolvierte. Ein anderer lief wochenlang ohne Strümpfe in den zu kleinen Schuhen seiner Schwester. Die Standardschuhgröße betrug 42, er aber brauchte Schuhe Größe 37. Wo also passendes Schuhwerk auftreiben? Es gibt keine Geschäfte, wo man schnell mal »shoppen« gehen kann. Ich versprach, ihm zu helfen. Da in Afghanistan ein Versprechen heilig ist, muss es auch gehalten werden. Ein »Es geht nicht« gibt es nicht. Was also tun?

Ein Logistiker der Army fand die Lösung. Er besorgte gebrauchtes Schuhwerk von weiblichen Army-Angehörigen. Dieses konnte dann, ohne jemanden zu bevorzugen oder zu benachteiligen, an den Mann gebracht werden. Partei für jemanden zu ergreifen oder jemanden vorzuziehen wäre ein nicht wiedergutzumachender Fehler. Alle wollen gleich behandelt werden.

Auch mit der Schießausbildung ging es nach anfänglichen Schwierigkeiten gut voran. Trotz Hitze und Staub konnte diese wichtige Lerneinheit absolviert werden. Die Kadetten lernten, wie man eine Waffe auseinandernimmt, zusammensetzt, und das auch nach Zeit; sie lernten, Zielfehler zu erkennen und letztlich auch die Schießnormen zu erfüllen. Nach und nach konnte den afghanischen Ausbildern die Verantwortung übertragen werden.

Hinweise und Kritik unsererseits wurden nicht nur entgegengenommen, sondern gleich umgesetzt. Und als einer von ihnen als bester Schütze mit einem kleinen Abzeichen geehrt wurde, war der Beifall groß.

Wichtige Lerneinheiten

Wie ist es uns ergangen? Man kam nicht leicht raus aus dem Camp, die Sicherheitslage gab es nicht her. Wenn überhaupt, war eine Tour nur im gepanzerten Fahrzeug und im Konvoi der Bundeswehr möglich. Unsere Ausflüge führten bis auf eine Ausnahme in das Camp Mazar. Dort hat alles seine Ordnung. Neben Geschwindigkeitskontrollen im Lager gab es auch für einige Läden Öffnungszeiten. Pech, wenn man kein Geld hatte und die Feldbank, eine Bankfiliale, würde man zu Hause sagen, leider geschlossen hatte.

Es steht mir nicht zu, mir darüber ein Urteil zu erlauben. Dieses Camp ist eine Stadt für sich, da muss alles reibungslos funktionieren. Das ist lebenswichtig für alle, nicht nur Deutsche sind dort untergebracht, auch Polizisten und Soldaten anderer Nationen. Auf jeden Fall konnten wir uns mit den benötigten Gebrauchsgütern aus den Marketenderläden eindecken. Und dennoch war ich froh, als es hieß, aufsitzen, wir fahren zurück.

Zurück in den »Mikrokosmos« der eigenen Unterkunft, der eigenen Wirkungsstätte. Also jeden Morgen sehr früh aufstehen, Unterricht bzw. Ausbildung, dann kurz relaxen, Abendessen und Zeitvertreib im Sportzelt, Internet oder Lesen. Dann fällst du ins Bett und willst nur noch schlafen. Was in einer Baracke ohne Türen gar nicht so leicht ist.

Die Besuche bei den Kameraden der Bundeswehr gehörten selbstverständlich dazu. Die »Oase«, unsere Betreuungseinrichtung, die im Laufe der Zeit entstanden war, wurde auch von den anderen ISAF-Soldaten gern genutzt. Endlich einmal etwas Abwechslung beim Entspannen, und wenn es nur dasitzen und einfach die Sterne am Nachthimmel beobachten ist – der Nachthimmel ist dank der geringen Luftverschmutzung weitaus klarer und heller als bei uns. Ohne die gerade in den Anfängen für uns so wertvolle logistische Hilfe durch die Bundeswehrkameraden wären viele Probleme nicht oder nur sehr schwer lösbar gewesen. Aus der Notwendigkeit des Zusammenhalts entwickelte sich eine Kameradschaft, unabhängig von Positionen und Nationen, wie ich es zu Hause nie erlebt habe. So etwas entsteht nur, wenn man weiß, wie sehr man aufeinander angewiesen ist.

Freitags war ab Mittag dienstfrei (der afghanische Freitag entspricht unserem Samstag). Viel war nicht los, nur der in Lagernähe vorhandene Markt bot ein wenig Abwechslung. Hier verkauften afghanische Händler alles Mögliche, von Imitaten bis zu uralten Waffen.

Die Kadetten wurden freitags abgeholt, um in ihre Dörfer nach Hause zu fahren. Sonntags waren sie alle wieder pünktlich da. Und das, obwohl es ein Verkehrssystem wie bei uns gar nicht gibt. Wo ein Wille ist, ist meistens auch ein Weg.

Über die Wochen hatte sich auch die materielle Ausstattung verbessert. Stühle, Wandtafeln, Kreide, aber auch Bettgestelle (zum selbst Zusammenbauen) wurden geliefert. So brauchten die Kadetten nachts nicht mehr auf einer Schlafmatratze auf dem blanken Zementfußboden zu schlafen. Auch das Reinigen der Uniformen, sie verfügten jetzt über zwei Paar davon und auch über Sportzeug, machte Fortschritte. Das Trocknen übernahm die Sonne. Da es keine Wäscheleinen gab, legte man die nassen Sachen einfach auf den Stacheldraht, geht auch. Das eine Gebäude war eine Art »Universalgebäude«, in dem Unterricht, Sport, aber auch die Essenseinnahme stattfand. Im anderen Gebäude waren die Kadetten untergebracht.

Die Einheit konnte mittlerweile nicht nur »geradeaus« laufen, nein, man spürte auch die wachsende Identifizierung mit der Ausbildung. Die einheimischen Ausbilder, die meisten von ihnen waren an der Polizeiakademie in Kabul von deutschen Polizisten geschult worden, konnten zunehmend mehr das Heft in die Hand nehmen. Es war ein schönes Gefühl, zu erleben, wie die Anstrengungen der vergangenen Wochen und Monate auf fruchtbaren Boden fielen und sie sich bemühten, ihr erlerntes Wissen praxisbezogen anzuwenden. Auch die internen Dienste, etwa die Reinigung der Unterkünfte, der Unterrichtsräume und des Toiletten- und Duschcontainers, wurden ausgeführt. Aber ohne Kontrolle ging nichts.

Die Tage der Abschlussprüfung rückten immer näher, die Anspannung war deutlich zu spüren. Niemand hatte sich so »gequält«, um dann doch nicht mit dem begehrten Zertifikat nach Hause zu fahren. Und obwohl die Ausbildung unter Schirmherrschaft einer US-amerikanischen Privatfirma stand, wurde der Löwenanteil der Ausbildung durch die deutschen Trainer geleistet. Von Deutschen – »Allemane« – ausgebildet worden zu sein, das ist in Afghanistan, ohne dass ich überheblich klingen will, mit Stolz verbunden. Man spürte das einfach. Die gemeinsamen Wurzeln der Vergangenheit sitzen tief. Das geht bis zur Zeit von Kaiser Wilhelm II. zurück. Sowohl mit der alten Bundesrepublik als auch mit der ehemaligen DDR haben die Afghanen gut zusammengearbeitet. Gerade die DDR hatte viele Militärs ausgebildet.

Einer der wenigen Momente des »Abschaltens« war ein Ausflug ins Landesinnere. Auch diese Fahrt wurde genau vorbereitet. Die Straßen, oder besser die Wege, sind zum Teil in einem katastrophalen Zustand, obwohl viel gebaut wird.

Vertrauen schaffen, indem das eigene Fahrzeug verlassen wird, um mit den Einheimischen ins Gespräch zu kommen, das ist eine sehr angespannte Prozedur, die schnell gefährlich werden kann. Auf den sehr belebten Straßen sprach es sich sehr schnell herum, dass deutsche Polizisten da waren. Ein Marktstand ist direkt neben dem anderen, es herrscht ein Gewusel und Gedränge. Es gilt, die Übersicht zu behalten und sich nicht ablenken zu lassen.

Jeder wollte mit uns sprechen, uns einladen, man war ständig umringt. Ich kann die angespannte Situation unserer Patrouillen verstehen, wenn sie sich in den Menschenmassen bewegen, um Vertrauen zu schaffen. Leider ist uns nicht jeder wohlgesonnen, das Mobiltelefon ist auch in Afghanistan ein bekanntes Kommunikationsmittel.

Was also tun? Man hält sich nicht lange an einem Ort auf, ist freundlich, aber stets aufmerksam, zieht die Fahrzeuge immer nach, um sofort den Ort verlassen zu können. Niemand weiß, was unter den Gewändern der Menschen oder in den vielen Eselskarren verborgen ist. Das hat nichts mit Neurosen zu tun, sondern mit Erfahrungswerten, die in die Sicherheitsbestimmungen eingeflossen sind. Sicherlich bekommt man erst mit der Zeit ein Gespür dafür, wann eine Situation kippen kann. Was zählt, ist unterm Strich nur: alles unversehrt zu überstehen.

Was ich gesehen habe, war, dass die Menschen sehr bestrebt sind, ihr Leben so gut wie nur möglich in den Griff zu bekommen. Sicherheit ist eine der Grundbedingungen dafür.

Ein begehrtes Zertifikat

Die Abschlussprüfung für alle Kadetten stand an. Der Schwerpunkt war immer darauf gerichtet, den Kadetten demokratisches Denken und Handeln vorzuleben und sie darin zu unterrichten. Gerade für die tägliche Arbeit eines Polizisten ist das sehr wichtig. Man muss nicht erklären, *dass* es so ist, sondern *warum* es so ist.

Geprüft wurden also nicht nur die Elemente des Umgangs mit der Waffe und die Schießfertigkeiten. Auch wenn allgemein angenommen wird, dass hier schon die Kinder mit Waffen aufwachsen, was ja auch der Fall ist, Schießen und Treffen sind zweierlei. Doch Geduld und ständiges Üben hatten sich gelohnt.

Ein weiteres Prüfungselement war der Umgang mit dienstlichen Hilfsmitteln, deren rechtliche und praktische Anwendung, taktisches Einschreiten, ohne das Übermaßverbot zu verletzen usw. Die Prüfungskommission setzte sich aus afghanischen und deutschen Ausbildern zusammen, und natürlich aus Mitarbeitern der amerikanischen Sicherheitsfirma.

Die Kadetten wurden mitnichten »durchgereicht«, frei nach dem Motto: Teilnahme genügt. Nein, sie sollten und mussten schon zeigen, was sie in den vergangenen Wochen gelernt hatten. Und sie zeigten es! Natürlich waren sie dabei aufgeregt. Alle Kadetten bestanden die Grundausbildung und waren mehr als stolz darauf. Das war der Moment, um zu spüren: Ja, es hat sich gelohnt, der Einsatz war nicht umsonst gewesen.

Auf der einige Tage später durchgeführten feierlichen Zeremonie äußerte sich das in wahren Gefühlsausbrüchen. Der Saal war festlich geschmückt, die Fahnen sämtlicher beteiligten Länder fehlten nicht, und ich glaube, er war sogar klimatisiert. Alles, was Rang und Namen hatte, war versammelt. Dann erfolgte der feierliche Einmarsch der Absolventen, *unserer* Absolventen. Nachdem die letzte Rede gehalten worden war, erfolgte die feierliche Übergabe der Zertifikate. Es weist aus, dass der Inhaber die polizeiliche Grundausbildung mit Erfolg absolviert hat und sich Polizist nennen darf.

Das Geloben, sich dem würdig zu erweisen, wurde keineswegs geflüstert, es wurde mit überzeugendem Stolz geradezu hinausgeschrien. Das habe ich bei einem Gelöbnis bei uns zu Hause noch nicht erlebt.

Die Verabschiedung war dann ein bisschen wehmütig, schließlich hatte man seine Kadetten doch wochenlang begleitet und die Gruppe zu einer echten Polizeieinheit geformt. Die letzten Fotos wurden gemacht, die Transportmittel, welche die Kadetten zu ihren neuen Stützpunkten brachten, waren schon da und warteten. Ich dachte, hoffentlich gibt es keinen Anschlag, denn das hätte eine tiefe Lücke hinterlassen.

Alles verlief ohne Vorkommnisse.

Zurück in der Unterkunft war auf einmal eine große Leere. Nun galt es, sich auf die Abreise vorzubereiten. Nichts vergessen, die letzten Abschiedsbesuche machen und dann warten. Die Freude, wieder nach Hause zu kommen, stand jedem förmlich ins Gesicht geschrieben. Die Zeit war reif, man war ausgepowert.

Wieder zu Hause angekommen, dachte ich, ich bin in einer anderen Welt. Das früher Vertraute war plötzlich fremd. Es hört sich merkwürdig an, aber mir fehlten der Rhythmus der letzten Monate, die Kameraden, das Umfeld. Dennoch sage ich: Trotz aller Schwierigkeiten, es hat sich gelohnt.

Ich danke meinen Kameraden, mit denen ich draußen war, von denen einige erneut in den Einsatz gingen, den Betreuern und natürlich meiner Frau, die mich in allem unterstützte. Taschakor. Gut.

Splitter

Wenn du ein Schiff bauen willst, so trommle nicht Männer zu-
sammen, um Holz zu beschaffen, Werkzeuge vorzubereiten, die
Arbeit einzuteilen und Aufgaben zu vergeben, sondern lehre die
Männer die Sehnsucht nach dem endlosen weiten Meer!
Antoine de Saint-Exupéry

Jürgen Heiducoff
Begegnungen, Erlebnisse, Gedanken

[Jürgen Heiducoff, 58, Oberstleutnant, ISAF Kabul 2004/05,
Militärattaché an der deutschen Botschaft in Kabul 2006–2008]

Ich bin längst zurück aus Afghanistan, doch ich bin noch lange
nicht wieder hier angekommen. Ich musste Afghanistan verlassen, doch ein Teil meines Herzens ist dageblieben. Ich hatte
zweimal die Möglichkeit, Kabul und Afghanistan zu erleben, das
heißt, dort zu arbeiten, meinen Dienst zu tun und zu leben. Es
boten sich mir dabei zwei grundlegend verschiedene Perspek-
tiven und Blickwinkel auf das Land und seine Menschen.

Zunächst war ich vom Sommer 2004 bis Februar 2005 als
Angehöriger des deutschen Einsatzkontingents im Stab der damaligen Kabul Multi National Brigade im Camp Warehouse am
östlichen Stadtrand der afghanischen Hauptstadt stationiert. Dabei spielten sich Leben und Dienst zwischen dem Feldhaus und
dem Stabsgebäude im gut gesicherten Militärcamp ab. Ab und zu
nutzte ich die Möglichkeit, Patrouillen zu begleiten oder Lagebe-
sprechungen im Headquarter der ISAF und bei den afghanischen
Streitkräften zu besuchen. Flüge nach Bagram oder Kunduz er-
weiterten mein Afghanistanbild aus der Distanz.

Im Sommer 2006 kehrte ich nach Kabul zurück. Diesmal kam
ich als militärpolitischer Berater an die Botschaft der Bundesrepublik Deutschland. Es folgten zwei Jahre Dienst und Leben
in der Stadt und viele Reisen ins Land. Dies trug wesentlich zur
Erweiterung meines längst nicht vollständigen Bildes von Kabul
und Afghanistan bei. Ich lernte viele Orte und Menschen besser
und anders kennen. Und dennoch blieben viele Fragen unbeant-
wortet, bis heute.

Die Aufarbeitung des Erlebten fand nie richtig statt. Viele Probleme sind verdrängt worden. Meine Erfahrungsberichte, die ich an das Auswärtige Amt und an das Bundesministerium der Verteidigung sandte, blieben ohne Feedback. Die vielen Fragen und Probleme, die mich nach meinen Aufenthalten in Afghanistan nicht losließen, konnte ich nur mit wenigen Freunden und Bekannten, die ähnliche Erlebnisse hatten, besprechen.

Die einzigen Menschen, die mich unterstützen, sich für meine Erfahrungen interessieren und diese zu verstehen versuchen, sind Freunde der Friedensbewegung. Nie hätte ich gedacht, dass ich als Berufssoldat ausgerechnet bei der Friedensbewegung Menschen finde, die sich für mein Erleben in einem Kriegsgebiet interessieren. Aber dies hat damit zu tun, dass ich mich mit dieser Art der Aufstandsbekämpfung durch unangemessene militärische Gewalt nicht identifizieren kann. Sie dient weder der Stabilisierung des Landes noch dem Wiederaufbau.

Der Blick von oben

Der Flug von Dubai bis nach Kabul führt vorrangig über die Hochgebirge Persiens und Afghanistans. Ich genoss einen einmaligen Blick und gewann einen unvergesslichen Eindruck von den Gewalten der Natur. So weit das Auge blickt – nur Berge und Täler. Menschliche Ansiedlungen sind selten zu sehen. Ich hatte das Gefühl, dass die Macht der Menschen begrenzt und vergänglich ist. Und ich fragte mich: Warum versuchen wir, unsere Interessen da unten in den Bergen Afghanistans mit solcher Gewalt durchzusetzen? In welcher Gefahr befinden sich die Menschen in den Tälern da unten? Warum sind ihre Traditionen, ihre Kultur und ihre Religion so stark gefährdet wie nie zuvor? Können wir selbst etwas dazu beitragen, um diese Gefahr abzuwenden oder zu verringern?

Beim Anblick der gewaltigen Ausmaße der Berge und des Geländes tauchten auch Fragen auf, wie schwierig der Kampf in den Bergen selbst für Gebirgsjäger sein musste. Der Guerilla-Taktik sind unsere regulären Streitkräfte nicht gewachsen. Die Vorgehensweisen und Kampfmotive sind zu unterschiedlich. Sie sind nicht vergleichbar, eben asymmetrisch.

Das Hauptproblem unserer Taktik beginnt bereits in der ersten Phase des Kampfes mit der Aufklärung des Feindes. Oftmals verfügen unsere Stäbe und Kommandeure über ein falsches oder ungenaues Bild vom Gegner. Damit ist jetzt nicht das Gelände gemeint. Da sind zunächst die Fragen: Wer ist unser Feind? Wie unterscheide ich ihn von den anderen Menschen in den Dörfern und Städten? Wie bekämpfe ich ihn, ohne Zivilisten zu töten? Oder ist der Feind Teil der Zivilbevölkerung?

Nach über drei Stunden Flug war Philosophieren nicht mehr möglich. Der Landeanflug war gewöhnungsbedürftig. Um eventuellem Beschuss auszuweichen, gestaltet sich der Landeanflug für die Maßstäbe einer zivilen Airline relativ sturzflugartig. Der Kabul International Airport befindet sich in einer Höhe von rund 1800 Metern. Das Hochplateau ist von über 3000 Meter hohen Bergen umgeben. Diese anspruchsvollen Landungen werden von erfahrenen Piloten durchgeführt.

Meine kleine Welt inmitten Kabuls

Es war mein Wunsch, als militärpolitischer Berater an der Botschaft meines Landes in Afghanistan eingesetzt zu werden. Militärpolitische Themen interessieren mich. Entsprechend intensiv habe ich mich auf diesen Auftrag vorbereitet. Mein Alltag zwischen Juli 2006 und August 2008 im zentral gelegenen Kabuler Stadtteil Wazir Akbar Khan war geprägt vom Arbeiten und Leben zwischen der deutschen Botschaft und dem angemieteten

Haus. Begegnungen mit afghanischen Freunden, mit Diplomaten anderer Staaten, mit Soldaten und den Kameraden lockerten den Alltag auf. Es wurde diskutiert und gestritten. Es gab keinen Feierabend, keine Freizeit, kein absolutes Abschalten. Es gab nur Versuche, den Alltag interessant zu gestalten.

Während des Dienstes in der Botschaft trug ich Zivilkleidung. Uniform wurde bei jeder Begegnung mit Militärs getragen. Ab und zu und ereignisorientiert zog ich auch landesübliche Kleidung an.

Ich verstand meine Tätigkeit als inhaltlich beratend. Und daran habe ich mich auch gehalten. Ich habe die militärpolitische Entwicklung sehr intensiv verfolgt, die Lage umfassend beurteilt, meine Bewertungen und Empfehlungen regelmäßig vorgetragen und den Ministerien in der Heimat berichtet. Immer öfter wichen meine Bewertungen von den vorgezeichneten Wunschbildern ab. Das war mein Problem.

Meine kleine Welt, das war das Einfamilienhaus, in dem ich lebte. Es fehlte überall an Komfort und Bequemlichkeit. Aber hier war ich in der Lage zu gestalten und zu bestimmen. Da bot sich die Möglichkeit, Kraft zu schöpfen und die eigenen Auffassungen zu festigen.

Das Grundstück von etwa 500 Quadratmetern wurde von einer zwei Meter hohen Mauer umfasst, auf der Stacheldraht befestigt war. Dieser war teilweise von wildrankendem Wein oder Efeu durchwachsen. Ein drei Meter breites Tor diente als Ausfahrt für das Auto.

Das unterkellerte Haus selbst war in den 1930er Jahren gebaut worden, die Ausstattung entsprach dem Niveau der 1950er Jahre. Hier lebte ich allein auf zwei Etagen und etwa 230 Quadratmetern Wohnfläche. Ich bin nie über den Versuch hinausgelangt, das alles einigermaßen wohnlich zu gestalten.

Hinter dem Haus war ein kleiner Garten. Da dominierte der alte Weinstock. Dieser rankte sich horizontal entlang eines großen Gitters über die gesamte Terrasse und vertikal über den an der Gartenseite des Hauses befindlichen Balkon bis zur Dachkante. Im Sommer war dieser Weinstock die Voraussetzung dafür, die Hitze einigermaßen ertragen zu können. Besonders angenehm war es, im Frühherbst auf der Terrasse zu entspannen. Die Trauben hingen über die gesamte Breite der Stuhl- und Tischreihen. Eigens aus Deutschland eingeflogene Rosen und viele andere Blumen umrahmten den kleinen Garten. Besonders die Sonnenblumen erreichten eine stolze Höhe von bis zu 2½ Metern. Damit ragten sie über die Mauer hinaus. Viele kleine Empfänge und Begegnungen mit Freunden und Partnern fanden hier statt.

Vor der Einfahrt fanden das rege Kabuler Leben und der Handel statt. Man konnte dies von den Fenstern der oberen Etage gut verfolgen. Marktwagen erschienen, um den Anwohnern Textilien oder auch Obst und Gemüse zu verkaufen. Manchmal verirrten sich ISAF-Fußpatrouillen in meine Straße. Das konnten Mazedonier oder auch Briten sein. Während die Briten sich auf beiden Straßenseiten verteilten und auch schon mal hinter die auf der Straße betriebenen Generatoren schauten, zogen sich die Afghanen lieber schnell in ihre Gehöfte zurück.

Ich hatte drei afghanische Männer als Haus- und Wachpersonal angestellt. Sie nannten mich Sir und waren mir gegenüber sehr aufmerksam. Sehr schnell merkte ich, dass sie hinter meinem Rücken ihre eigenen Geschäfte machten. Dagegen hätte ich auch nichts einzuwenden gehabt, wenn es nicht mein Diesel und meine Autoersatzteile gewesen wären, die sie zu Geld machten. Stets war einer von ihnen anwesend, auch nachts. Sie teilten sich die Arbeit im Garten, in der Küche und im Waschhaus, bedienten und warteten den großen Generator und achteten auf den Einlass erwünschter Gäste. Ihr Gehalt war die Grundlage für die Ernährung ihrer kinderreichen Familien.

Zwischen dem Haus und der straßenseitigen Mauer befand sich das Wachhäuschen, in dem sich der diensthabende Wachmann vor allem nachts aufhielt. Da er weder bewaffnet noch sonst sehr wachsam war und ich ihn manchmal nicht einmal mit Schreien wach bekam, dürfte klar sein, wie zuverlässig der Schutz war.

Während in den Camps immer Strom und fließendes sauberes Wasser zur Verfügung standen, wurde im Zentrum von Kabul nur einige Stunden am Tag Strom geliefert. Mehrmals war es erforderlich, den Generator einzuschalten, die Netzschalter umzuschalten etc. Im Winter kam es zudem oft zum Ausfall des Generators. Kein Strom bedeutete kein Wasser, da das Wasser mittels elektrischer Pumpe aus dem Brunnen gepumpt wurde. Im Winter konnte es auch passieren, dass die Außenwasserleitung einfror.

Im Sommer kletterte ich manchmal über den stark verstaubten Speicher hinaus auf das Dach. Dies wurde mit einem sehr schönen Blick über Kabul belohnt. Im Norden versperrte der Berg Bibi Maru den Blick, im Süden konnte man die nahe gelegene Moschee sehen und im Südwesten den Berg TV-Hill. Besonders bei Sonnenuntergang war diese Aussicht unbeschreiblich schön.

Das Haus erweckte zwar den Eindruck, als würde es mir Schutz bieten, aber objektiv war dies natürlich nicht der Fall. Im Falle eines Überfalls stand mir ein Funkgerät zur Verfügung, über das ich eine Gefahr an den Hausordnungsdienst der Botschaft melden konnte. Die war etwa eintausend Meter weit weg, und auch das nächste von Deutschen bewohnte Haus war einige hundert Meter entfernt. Meine Nachbarn waren Afghanen. Auf der gegenüberliegenden Straßenseite wohnte allerdings der indische Militärattaché.

Bis Ende 2008 lebte fast das gesamte vom Auswärtigen Amt entsandte Personal der Botschaft in angemieteten Häusern und Wohnungen in der Stadt. Dann mussten sie aus Sicherheitsgründen in ein neuerrichtetes Dienstwohnungsgebäude auf dem Botschaftsgelände ziehen. Seither ist der Kontakt zu den afghanischen, aber auch internationalen Partnern wesentlich eingeschränkt.

Seit Kabul immer mehr zur Festung ausgebaut wird, igeln sich die »Internationalen« zunehmend ein. Eine ähnliche Entwicklung wie bei den ISAF-Truppen, die auch hier zur Entfremdung und zum Vertrauensverlust gegenüber der Bevölkerung führt.

Die Ausländer, besonders die Diplomaten, bewegen sich heute im Wesentlichen mit geschützten und meist sichtbar komfortablen Fahrzeugen zügig durch die Stadt, wie die Militärs auch. So fallen sie auch denjenigen besser ins Auge, die einen Anschlag ausführen wollen. Ich bin bis zum Sommer 2008 mit einem normalen, verschlissenen fünfzehn Jahre alten Toyota gefahren, und ich bin auch kurze Strecken gern zu Fuß gegangen. Dabei trug ich jedoch ortsübliche Kleidung. Ich hatte nie das Gefühl einer Bedrohung.

Zum Ende meines Aufenthalts fühlte ich mich hinreichend sicher in meiner Oase. Das war zu Anfang anders. Da hatte ich nachts manchmal Angst, die Pistole neben dem Bett liegen und die Kalaschnikow in Reichweite. Später habe ich die Pistole stets in der Botschaft gelassen und die Kalaschnikow abgegeben.

Die nächtlichen Raketen- und Mörserangriffe gegen die Stadt wurden gegen Ende meines Aufenthalts seltener. Oft habe ich sie auch gar nicht mehr wahrgenommen. Zu Anfang konnte ich den Rest der Nacht nicht wieder einschlafen, nachdem das sich annähernde Pfeifen eines Geschosses zu hören war und dieses in einem Nachbargarten einschlug.

Zu Anfang schickte ich mein Personal auf den Markt zum Einkauf, während ich später selbst gern auf den Gemüse- oder Fleischmarkt ging. Zudem wurden 2007 gleich um die Ecke die ersten supermodernen Supermärkte eröffnet. Die Versorgung für die Menschen, die Geld hatten, wurde zunehmend besser. Brot war so preiswert, dass eigentlich jeder davon ausreichend haben konnte. Bis auf spezifische deutsche Waren (Bier oder Konserven), die ich in den ISAF-Camps kaufte, konnte ich mich vom lokalen Markt versorgen.

Die Meridiane zwischen meinen Welten waren die Straßen. Die Straßen sind in einem sehr schlechten Zustand und hoffnungslos überfüllt. Hier finden die Begegnungen und Reibungen zwischen den Internationalen und den Einheimischen statt. Das Verhalten der Menschen, auch unserer Soldaten, auf den Straßen spiegelt ihr Denken und ihre Einstellung zu den Afghanen, zu deren Schutz wir doch eigentlich dort waren, wider. Die Schutztruppe ISAF soll die afghanische Regierung bei der Stabilisierung der Sicherheit im Lande unterstützen. Damit ist die Sicherheit im weitesten Sinne des Wortes gemeint. Und es geht um die Sicherheit aller Afghanen. Oftmals jedoch wurde dieser Sicherheitsbegriff nur auf die eigene Sicherheit beschränkt.

Wenn wir Truppen in ein Land entsenden und einen Großteil der Ressourcen für die Gewährleistung der eigenen Sicherheit aufwenden, dann stellt sich die Frage nach der Funktionalität und Wirksamkeit der Truppen.

Besonders aggressiv war das Verhalten der Amerikaner auf den Straßen. Konvois drängten sich mit überhöhter Geschwindigkeit durch den dichten Verkehr. Schwere gepanzerte Fahrzeuge fuhren seitlich versetzt an den übrigen zivilen Verkehr heran und verdrängten diesen. Nicht selten kam es dabei auch zu Kollisionen. Wenn Tanklastzüge mit Kraftstoff begleitet wurden, waren die Nerven der eskortierenden US-Soldaten besonders angespannt. Einige Male sah ich, wie Amerikaner den afghanischen Polizisten an einer Kreuzung von seinem Podest stießen und selbst die Verkehrsregulierung übernahmen. Dieses Verhalten ist nicht akzeptabel, weil es ein sehr schlechtes Bild auf die westlichen Truppen wirft und weil es die Afghanen diffamiert und beleidigt.

Ich hatte selbst ein kleines Erlebnis mit Amerikanern, die ihre Befugnisse überschritten. US-Soldaten verfügten über gepanzerte hellgraue Ford-Fahrzeuge ohne Kennzeichnung, aber vorn mit stabilem Schiebeschild. Ein solches Fahrzeug blockierte die Zufahrt zum zivilen Teil des Kabul International Airport. Dieses stellte sich mir in den Weg, nachdem ich den Checkpoint der afghanischen Polizei passiert hatte. Als ich mich näherte, mein diplomatischer Status war deutlich an dem roten Diplomatenkennzeichen zu erkennen, richteten sie die Waffen auf mich und beschimpften mich in übelster Weise. Die Gefahr dieser Begegnung ist mir erst später bewusst geworden.

2004 haben die Kommandeure der Bundeswehr in Afghanistan bei jeder Gelegenheit ihren Soldaten erklärt, dass wir keine Besatzer sind und die Afghanen zu respektieren haben. Dies verlief sich später allmählich im Sand. Zum wichtigsten Aspekt aller Operationen und des gesamten Verhaltens der Soldaten entwickelte sich der Schutzaspekt.

2007 dann wurden Soldaten der Bundeswehr zu entschlossenerem und härterem Vorgehen angehalten. Dies zeigte sich im Verhalten kleiner Konvois auf den Straßen Kabuls, die mit hoher Geschwindigkeit befahren wurden. Verkehrsunfälle waren die Folge, und Unbeteiligte kamen zu Schaden. Näherte sich im dichten Straßenverkehr ein Fahrzeug zu nahe an das Patrouillenende, wurde sehr schnell von der Schusswaffe Gebrauch gemacht. All dies wurde mit dem Schutz der eigenen Kräfte begründet. Wer meint, auf diese Weise den Afghanen Respekt einflößen zu können, hat sich gewaltig geirrt. Das Gegenteil ist der Fall – sie verlieren Respekt und Achtung uns gegenüber. Der paschtunische Ehrenkodex erzwingt Vergeltung und Rache, wenn man beleidigt und unehrenhaft behandelt wurde.

Ich hatte eine sehr enge und gute Beziehung zum Kommandeur der Logistikschule der Afghanischen Nationalarmee ANA und seinen Soldaten. Mit Mitteln des Auswärtigen Amtes wurde diese Lehreinrichtung erbaut und betrieben. Eine Beratergruppe der Bundeswehr stand dem Kommandeur beim weiteren Aufbau und bei der Organisation von Lehre und Ausbildung zur Seite. Es schien mir auch hier wichtig zu sein, den Afghanen auf Augenhöhe zu begegnen und sie nicht zu bevormunden. Dem Kommandeur legte ich oft ans Herz, dass er derjenige ist, der auf dem Gelände der Lehreinrichtung bestimmt und nicht ein Angehöriger der Nation, die die Gelder zur Verfügung stellt. Dies sollte das Herangehen sein, damit sich die Afghanen mit ihren Pflichten identifizieren, das ihnen ein Verantwortungsgefühl verleiht und sie letztlich befähigt, ihre Probleme selbst zu lösen.

Die vielen Offiziere und Soldaten der afghanischen Armee, mit denen ich zusammengearbeitet habe, waren mir für diese Einstellung sehr dankbar. Viele Partner sind so meine Freunde geworden. Sie besuchten mich privat in meinem Haus und empfingen mich in ihren Heimen. Wir fuhren gemeinsam ins Panschirtal zu ihren Verwandten, und ich konnte die afghanische Gastfreundschaft erleben und genießen.

Die Kraft des Vertrauens

Es ist eine meiner wichtigsten Erfahrungen in der Zusammenarbeit mit den Menschen einer anderen Kultur: Man muss sie respektieren, wie sie sind. Und man sollte sich auch selbst so geben, wie man ist. Künstliche Verbiegungen schaden nur dem Verhältnis.

So habe ich nie behauptet, etwa den Islam gut zu finden. Da wir in den Augen vieler Moslems gottlos sind, habe ich auch nicht verschwiegen, Atheist zu sein. Den Afghanen sind die eigenen historisch gewachsenen Traditionen sowieso mehr wert als eine strenge Auslegung des Korans.

Gern habe ich mich unter die Obhut der Afghanen begeben. Ich bin zum Beispiel nie auf eigene Faust ohne die Begleitung mindestens eines Afghanen im Land gereist.

So auch im Frühjahr 2007. Eine Dienstreise führte mich in die Provinz Badachschan. Ich bin nach Faizabad geflogen, um mit zwei Mietwagen, zwei weiteren Botschaftsangehörigen und in Begleitung eines Tadschiken durch die Provinz zu reisen und laufende Projekte der Entwicklungszusammenarbeit zu besuchen. Eine Woche waren wir unterwegs in den Tälern des Pamirgebirges im Wakhan-Korridor. Wir sind dort Menschen begegnet, die ihre Gewohnheiten und Rituale seit Jahrhunderten kaum verändert haben. Die Frauen stiegen morgens mit der Wäsche der Familie in Körben auf dem Kopf die steilen Berghänge hinauf zu den heißen Quellen. Dort wuschen sie die Wäsche, legten sie zum Trocknen auf Felsen und Sträucher und reinigten sich selbst.

Dabei fanden rege Gespräche statt. Diese Menschen leben seit Jahrhunderten in den Bergen. Diese Region ist ihre Heimat, egal ob sie durch willkürlich gezogene Grenzen verschiedenen Staaten zugeteilt wurde. Ihre Verwandten leben jenseits des Pamir in Pakistan, andere in Tadschikistan oder nebenan in China. Sie kümmert es nicht, dass das Wakhantal zur Provinz Badachschan der Islamischen Republik Afghanistan gehört. Ob der König, die Kommunisten, die Taliban oder jetzt die Regierung Karzai in Kabul regieren – die Menschen hier interessiert dies nicht. Sie leben ihr Leben wie seit Jahrhunderten. Sie leben mit der Natur, und sie leben nach unseren Maßstäben sehr hart und bescheiden. Doch sie strahlen Glück und Zufriedenheit aus. Ob unser Luxus und unsere Bequemlichkeiten wirklich immer notwendig sind?

Die Menschen hier weitab in den Bergen haben im Unterschied zu den Bewohnern Paschtunistans einen gewaltigen Vorteil: Die schrecklichen Kriege der vergangenen Jahrzehnte sind an ihnen fast spurlos vorbeigegangen. Aber wir haben dort auch Entwicklungsprojekte gesehen, die an den Bedürfnissen dieser Menschen vorbei realisiert worden sind. Da sind Schulen gleicher Bauart durch USAID (United States Agency for International Development) ins Gelände gesetzt worden, ohne den Bedarf an Schülern und Lehrern im Vorfeld zu ermitteln. Diese Gebäude standen ungenutzt und ungewollt in den Tälern, weitab von den Dörfern.

Die Menschen in den Bergen nehmen auch die Herrlichkeiten

der Natur als gegeben hin. Bevor wir uns in den Guesthouses zur Ruhe legten, mussten wir ein paar hundert Meter hinüber zu den Badehäusern gehen. Es gibt da keine Elektrizität. Und trotzdem ist es nie richtig dunkel, weil der Sternenhimmel auf die Berge leuchtet und man den Eindruck hat, den Sternen viel näher zu sein. Ein wunderbares Naturschauspiel.

Die Bescheidenheit des Lebens der Menschen in den Bergdörfern ist kaum zu beschreiben. Den gesamten Sommer über sammeln und transportieren sie jeden brennbaren Halm zu ihren Häusern. Das Land ist so kahl, dass man mit dem Ausgraben der Wurzeln von Sträuchern und Bäumen beginnt, um Brennmaterial für den Winter zu haben.

Ähnlich gelungen war eine Reise in die Provinz Bamyan. Meine afghanischen Freunde hatten alles bestens vorbereitet. Wir wanderten um die Felsen der durch die Taliban gesprengten Buddhas, und uns bot sich ein unbeschreiblicher Blick über das grüne Tal Bamyans.

Auch in den unendlichen Weiten des zentralafghanischen Berglands findet man keine Hinweise auf den andauernden Krieg im Osten und Süden des Landes. Die Menschen scheinen mit ihrem bescheidenen Leben zufrieden zu sein.

An den Sommerwochenenden bin ich manchmal mit afghanischen Freunden und Offizieren der ANA in die Provinz Parwan gefahren. Wir versuchten, uns vom Trubel der Hauptstadt auf einer Art Campingplatz zu erholen. Entlang eines Flusses konnte man Plätze in Zelten mieten, um dort zu essen und die Ruhe zu genießen. Doch immer wieder wurde diese Ruhe durch amerikanische Kampfflugzeuge F 15, die im Tiefflug über die Region flogen, gestört. Es war ein ohrenbetäubender Lärm, der mich belastete. Mir fiel aber auf, dass die Menschen in der Gegend kaum Notiz davon nahmen. Sie haben sich an die Tiefflüge gewöhnt. Wenigstens gebe es hier keine nächtlichen Hausdurchsuchungen durch die Amerikaner, wie im Süden und im Osten des Landes, sagten sie.

Ein interessanter Aspekt der Arbeit eines Militärattachés ist die enge Zusammenarbeit mit den Counterparts der anderen Nationen. Es bestand in Kabul die Defence Attaché Association Kabul (DAAK). Wir haben sehr viele gemeinsame, aber auch bilaterale Aktivitäten organisiert. So haben wir uns unterweisen lassen durch ISAF-Dienststellen und durch afghanische militärische Verbände oder Lehreinrichtungen. Wir besuchten regionale Wiederaufbauteams im Lande. Dabei entwickelten sich gute bilaterale Beziehungen.

Ich fand die amerikanischen, russischen aber auch chinesischen Verteidigungsattachéstäbe besonders interessant. Aber auch mit dem türkischen, indischen und bulgarischen Kollegen habe ich eine gute Beziehung entwickeln können. Trotz der diplomatischen Einbindung fanden wir Militärs eine Sprache, die auch kontroverse Themen vertrug. So habe ich mehrmals in Diskussionen mit den russischen Militärs bestimmte Parallelen im Vorgehen der russischen Truppen in Tschetschenien und der US–Truppen in Afghanistan angesprochen. Unser Verhältnis litt darunter überhaupt nicht.

Gute, auch private und freundschaftliche Beziehungen bestanden zum indischen Verteidigungs- wie auch Luftwaffenattaché. Der Verteidigungsattaché, ein hochgewachsener, stolzer indischer General, war mein Nachbar. Wir begegneten uns in unseren Wohnungen und Gärten. Ich erfuhr sehr viel über seine Heimat, die ich dann später auf seinen Hinweis hin auch bereiste.

An einem Freitag Anfang Juli 2008 lud ich ihn mit seiner Familie zu mir ein. Gern folgten er, seine Frau, sein Sohn, ein junger Flugzeugführer der indischen Luftwaffe, und die Tochter, die noch studierte, dieser Einladung. Auch der bulgarische Militärattaché und einige Angehörige der deutschen Botschaft kamen dazu. Wir verbrachten einen anregenden Abend. Es wurde gegrillt, geplaudert, gegessen, getrunken. Keiner ahnte, dass es der letzte Freitag im Leben unseres indischen Freundes sein sollte.

Wenige Tage später gab es in den Morgenstunden eine gewaltige Detonation. Schnell stellte sich heraus, dass es ein Anschlag gegen die indische Botschaft war. Die Taliban bekannten sich später zu dieser Tat. Der General hatte 15 Minuten vor der Explosion sein Haus in Richtung Botschaft verlassen. Die verzweifelten Anrufe seiner Frau auf seinem Handy blieben erfolglos. Er antwortete nicht, und er wird nie wieder antworten. Von ihm konnte nichts gefunden und geborgen werden. Er konnte nicht beigesetzt werden. Stunden später sah ich den Ort der Verwüstung. Es war unbeschreiblich.

Uns wurde auf entsetzliche Weise vor Augen geführt, wie eng Leben und Tod in dieser chaotischen Hauptstadt beieinanderliegen können.

Splitter

Demokratie bedeutet Humanisierung im Umgang mit der Macht.
Helmut Schmidt

Markus Mielke
Ein Abenteuer, verbunden mit etwas Gutem

[Markus Mielke, 43, Oberstabsarzt, Kabul 2002,
Mazar-e Sharif 2007; heute Nervenarzt in Hamburg]

Liebe Heike,

es ist sehr schwierig, etwas zu schreiben. Eigentlich wollte
ich vieles vergessen, ich bemerke allerdings, dass mir das kaum
gelingt, wenn ich immer wieder Berichte in den Medien über
Afghanistan und auch die hiesigen Diskussionen über die Sinn-
haftigkeit und die Bedingungen des Einsatzes dort lese und höre.
Das regt mich jedes Mal auf!

Das erste Mal kam ich im August 2002 nach Kabul ins Camp
Warehouse. Die Anschläge des 11. September 2001 waren noch
kein Jahr her, ich war aus meinem Sommerurlaub geholt worden
und sollte den kurzfristigen Ausfall eines BAT-Arztes ausglei-
chen. Gleichzeitig, so der Auftrag meines Abteilungsleiters, sollte
ich für das Fach Neurologie und Psychiatrie erkunden, ob ein eigener Nervenarzt benötigt werden würde. Zu dem Zeitpunkt war
die Stelle noch nicht besetzt.

Letztlich kam ich mit dem Gedanken an ein Abenteuer, verbunden mit etwas Gutem, was ich dort tun würde. Es sollte einen Sinn haben, und es sollte auch eine gerechte und gute Sache
sein.

Mein erster Eindruck war der von dem Team, in das ich kam.
Das Team war freundlich, ich fühlte mich wohl, die Aufnahme
war herzlich. Schnell gewöhnte ich mich an das Lagerleben mit
seinen regelmäßigen Abfolgen. Ein wechselnder Dienstplan re-
gelte unsere Termine gerecht, so dass ich mal im Lager bleiben
konnte, mal in die Stadt fuhr als BAT-Begleitung, mal im Head-

quarter weilte und Sonne tankte, mal mit den EOD eine RECCE-Tour* machte usw.

Der Einsatz an sich wurde natürlich dadurch sehr belastet, dass die Daheimgebliebenen sich sorgten, mein Hund nicht bei mir war und verschiedene Dinge in der Hetze des Aufbruchs gar nicht richtig besprochen und geregelt waren … Halt gaben da regelmäßige Telefonate mit zu Hause und der Kontakt mit der »Familie« des Teams.

Natürlich gab es auch immer wieder neue Nachrichten, die nachdenklich stimmten: Was passiert da draußen wirklich? Dürfen »die Amis« das, was sie da tun? Was machen unsere Leute, ich meine nicht die, die offiziell im Camp Warehouse waren, sondern die, die gar keine Uniform trugen? Ist das vom Mandat des Bundestages gedeckt? Ist das unser Auftrag? Was überhaupt ist der Auftrag? Mädchenschulen bauen? Wasserlöcher buddeln? Bald meinte ich zu wissen: Das war es nicht! Was war es dann? Keiner konnte es sagen, und ich glaube, dass es vielen von uns so erging.

Mit Beginn des Einsatzes, also bereits ab dem zweiten oder dritten Tag, schwand die Angst, die anfänglich noch da war. Sie wich einem anderen Gefühl: einem Gefühl der stetigen leichten Angespanntheit und des Wunsches, etwas Schönes zu tun, mit anderen Menschen in Kontakt zu sein, so wie das zu Hause gar nicht sein kann.

Bei mir war es auf jeden Fall auch eine Art Sehnsucht nach Leben, und zwar nach dem prallen, guten, bunten, herzlichen … So kamen mir bestimmte Menschen gerade recht: die lebenslustigen Österreicher, die gerne mal einen Selbstgebrannten oder Schwarzgeräuchertes auf den Tisch stellten, oder mal eben aus fast nichts einen Palatschinken zauberten. Oder irgendwer organisierte von draußen diese grünlichen Hühnereier, die es in

---

* sprich rekkie, umgangssprachliche Abkürzung für reconnaissance, Erkundung, Aufklärung

Afghanistan und ähnlich auch in Afrika gibt, die man aber in Europa gar nicht kennt.

Am gleichen Tag ergab sich wieder eine schlimme Situation. Ein Kollege holte einen toten Jungen aus einem Brunnen. Ein anderer, halb ertrunken, wurde in einem afghanischen Krankenhaus abgeliefert – und zwischendurch freute man sich über eine Tour mit den EOD-Leuten zur Aufklärung, wo eventuell Minen sein könnten. Die Heidenangst, die man haben müsste, hat man eigentlich gar nicht, seltsamerweise ist sie fast weg. Ich habe meist auf dem BAT-Fuchs gestanden (als Arzt steht man hinten links oder fährt unter der Luke) und habe neben dem Bordfunk auch noch laute Musik gehört über Kopfhörer, eine verrückte Klezmer-Musik, die so irrsinnig gut zu Wüste, strahlend blauem Himmel und rasanter Fahrt mit dem Panzer durch das kreischend schrille Kabul passte. Durch ein Kabul mit seinen vielen Autos, die herumfuhren, ohne sich an Verkehrsregeln zu halten, mit den Bettlern, die verkrüppelt mitten auf der Straße saßen und umfahren werden mussten, plötzlich links eine Marktszene mit Früchten, Tomaten, Zwiebeln und Wasser- und Honigmelonen, riesige Exemplare, und rechts eine Kamelkarawane mit einer Familie und Sack und Pack, mittendrin zwei Babys auf je ein Kamel oben draufgeschnallt, und dazu dieser Giora Feidman with his crazy clarinet! Es war unglaublich. Dann blieb der Wagen mal stehen wegen eines Hindernisses oder aus einem anderen Grund, und sofort war das Fahrzeug umringt von Menschen, vielen Kindern, aber auch Erwachsenen und Alten, und plötzlich wieder ein Anflug von Angst. Sind die uns bzw. dir wohlgesonnen? Sie lachen ja, aber …? Sofort ist die Hand an der Pistole. Für solche Situationen gewöhnte ich mir an, die Pistole fertig zu laden und halb lose im Holster zu tragen. Doch auch in diesen Fällen war die Angst rasch verflogen.

Die andere Seite des Einsatzes ließ meist nicht lange auf sich warten: ein Einsatz mit dem holländischen Pastor, dem dazugehörigen Kommandeur, einem Obristen und unserem Sanitätsfahrzeug TPZ-Fuchs auf den TV-Hill. In den frühen Morgenstunden ging es da hin, wo auch ein Kommando der Feldlagerbetriebskompanie seinen Auftrag ausführte. Die waren auf diesem Hügel mit einem einzigen, serpentinenartig ansteigenden schmalen Weg praktisch abgeschnitten und mussten sich hier mit einigen einheimischen Distriktherren arrangieren. Eine Evakuierungsmöglichkeit gab es für sie nicht, da ein Hubschrauber – wenn das deutsche Militär denn über einen einsatzfähigen verfügt hätte – nicht hätte landen können. Also befahl der Obrist einem Sprengkommando, dort oben, wo selbst Wenden kaum möglich war, ohne Vorankündigung einen alten Funkmast, der bestimmt längst ohne Funktion war, zu sprengen. Er wollte dieses kleine Areal freisprengen, damit im Notfall ein Helikopter dort hätte landen können.

Nach der ersten Detonation meldeten sich die ersten Lokalherren und machten ein Höllenspektakel. Einen etwa 16 Jahre alten Burschen stellten sie mit einem AK 47 mitten in das zu bereinigende Areal, in dem sich schon mehrere andere noch nicht gezündete Ladungen befanden, und ordneten an, dass dieser dort zu bleiben habe, und wehe, ihm würde etwas geschehen!

Gleichzeitig zogen andere Einheimische auf Befehl des lokalen Führers hinter unserem letzten Fahrzeug eine Minensperre über die Straße, so dass uns der Rückweg verschlossen war.

Der Obrist telefonierte mit einer lokalen Polizeiautorität und gab das Telefon dann an den lokalen Commander weiter. Doch er hatte offensichtlich einer anderen Autorität zu gehorchen, diese Telefonintervention fruchtete jedenfalls nicht. Der Obrist verschwand zu weiteren Verhandlungen und durfte den TV-Hill verlassen. Der restliche Konvoi blieb oben und wartete. Wartete darauf, dass alles sich zum Guten wenden und nichts geschehen würde. Da denkt man schon mal, seltsam, eigentlich sollen wir doch helfen? Also warten. Das ist leicht gesagt, aber da war wieder diese Angst und hat kurz ihr Antlitz gezeigt.

Die Sache ist nach etwa zwei Stunden ausgegangen wie das Hornberger Schießen. Der Obrist gab den Befehl zum Rückmarsch, Auftrag unerfüllt abgebrochen. Zurück ließen wir eine nicht gut versorgte Gruppe der Feldlagerbetriebskompanie, die mit den zwielichtigen Gestalten, die die Sprengung verhindert hatten, weiter würde auskommen müssen …

Trost spendete dann ein von einer verständnisvollen Kollegin zubereiteter löslicher Espresso, ein *corretto* mit einem klitze-kleinen Schluck Grappa … Oder es gab wieder einmal über Mobiltelefon unter freiem, klarem Orienthimmel ein nahegehendes Gespräch mit zu Hause oder einen Gruß aus der Heimat in Form eines liebevoll gepackten Pakets.

Aber wo ist der Auftrag?

Dann wieder Ruhephase, der berüchtigte Dienst am Headquarter, das seinerzeit unter türkischer Führung gewesen ist. Ein Dienst, bei dem ich persönlich in zweieinhalb Monaten nur einen Einsatz in den Morgenstunden hatte, kurz vor dem Abrücken. Ein GI in Uniform weckte mich, selbst Arzt. Er wisse bei einer am Vortag gestürzten Amerikanerin, die in einer der Universität zugehörigen Villa mit ihrem Mann lebte, nicht weiter. Er habe ihr tüchtig Morphium verabreicht, das reiche ihr aber nicht. Also nahm ich mich der Sache an.

Es stellte sich heraus, dass sie einen Oberschenkelhalsbruch hatte. Nach einer Erstversorgung im German Field Hospital konnte sie dann ausgeflogen werden, wofür sie und ihr ebenfalls sehr betagter Mann, auch er Amerikaner, sehr dankbar gewesen sind.

Ansonsten war HQ-Dienst immer: Schlafen, sonnen, essen. Aber wo ist der Auftrag? Das Elend sehe ich an jeder Ecke der Stadt und des Landes, die ich betrete, an manchen Orten und in manchen bestimmten Momenten sehe ich auch die Schönheiten – aber wo ist verdammt nochmal der Sinn? Der Sinn kann ja nicht darin bestehen, dass wir überleben und uns einrichten, so gut es geht, damit wir überleben, auch seelisch.

Bereits nach wenigen Wochen war kein Stück mehr da von meiner anfänglichen Überzeugung, dass es etwas Notwendiges, Richtiges war, was ich hier machte. Angst stand dabei nicht im Vordergrund, auch nicht Unwillen oder Unlust. Es war die Überzeugung: Du machst hier nichts Gutes, du machst hier nichts Sinnvolles oder Nutzbringendes. Mein Gefühl war stattdessen: Du wirst verschaukelt, du wirst über den wahren Sinn im Unklaren gelassen, du wirst missbraucht für etwas, was nicht in Ordnung ist.

Weiter erinnere ich an viele EOD-Aufträge mit der Suche nach Sprengstoffen oder Minen, auch außerhalb der Stadt. Immer war das spannend und bedrohlich zugleich. Nachmittags waren ständig Explosionen auf der »Terrasse« zu hören, man zuckte schließlich gar nicht mehr vor Schreck zusammen, sondern nippte am Cappy-Orangensaft und sagte, oh, heute sind sie aber spät dran … Und dann auf einmal wieder ein Unfall fast direkt vor dem Main Gate, mit Schwerverletzten und Toten. Plötzlich ist man wieder mitten in der Wirklichkeit: Blut, erschütternde Schreie, routiniertes Arbeiten.

Einmal ein Ausflug nach Baghram, wo die Amerikaner ein Lager hatten. Eine ganz andere Atmosphäre, sie hatten viele Tote um die Region Kandahar zu beklagen. Die Todesfälle wurden, wenn möglich, den Kameraden gar nicht mitgeteilt, um die Moral nicht zu schwächen.

Schon nach wenigen Wochen war die Situation gewohnt. Angst ist ein Gefühl, das sich mit der Zeit erschöpft. Wenn man allerdings in sich hineinhorchte und sich fragte, wo denn eigentlich die Angst geblieben war, konnte man sie als erhöhte Grundanspannung an sich wahrnehmen.

Die Truppe wird zu einem sozialen Mikrokosmos. Die ganze Welt in vielleicht 40–60 Menschen, Freunde, Familie, Geschwister, Kollegen, Mitarbeiter, Amtspersonen, Chefs, Kumpels, Sportfreunde, Feierfreunde, alles eben auf engstem Raum. Das verbindet natürlich. Ein ganz eigener Humor entwickelt sich, ein fast wortloses Verstehen, eine Vertrautheit, die sonst kaum entstehen kann, außer in anderen Extremsituationen. Niemals jedoch im Alltag eines Acht-Stunden-Jobs in Deutschland. Es entwickelt sich eine starke Sehnsucht, nach Hause zu fahren, Angst und Umstände zu vergessen, das alles hinter sich zu lassen, auch der Wunsch nach Komfort und Bequemlichkeit. Phantasien werden groß, was man alles machen würde nach der Rückkehr, aber gleichzeitig immer auch ein wehmütiges Gefühl, jedes Mal, wenn ein Vertrauter abreist oder wenn man selbst von den Kollegen und Kameraden nett, herzlich, feucht-fröhlich und wunderbar verabschiedet wird.

Phasen der Unangepasstheit

Nach der Rückkehr hatte ich im November einen Kurzurlaub auf Sylt, den ich leider nicht genießen konnte, weil ich dafür noch gar nicht bereit war. Das war alles zu viel, und ich fühlte mich nicht richtig verstanden – du kannst es einem Partner aber auch nicht wirklich erklären, irgendwie fehlt dir die Sprache. Eigentlich müsstest du dich doch freuen, denkst du. Aber nein, es entwickelt sich vor allem Nachdenklichkeit. Und Unverständnis darüber, dass es einen Strafzettel gibt, wenn du 30 Minuten nicht ganz ordentlich parkst oder deine Gebühr zu gering war für die Parkdauer. Du wunderst dich, wenn Freunde sich unterhalten, ob sie nun ein Paar Schuhe für 160 Euro kaufen sollen, oder ob das nicht etwas teuer ist. Du gehst ins Restaurant und bezahlst für ein Abendessen zu zweit so viel, wie eine Familie in Afghanistan für ein halbes Jahr zum Leben braucht, oder du wunderst dich, warum man nicht rechts überholen darf oder warum du bei der Arbeit plötzlich wieder Regeln einhalten sollst (Trageweise der Uniform oder sonst irgendetwas Formales).

Und du bist erschüttert, wie wenig in den Nachrichten aus Afghanistan berichtet wird und wie quasselig und an der Realität vorbei die ganzen Diskussionen der Politiker sind, die zum Teil ja selbst vor Ort waren (wo sie natürlich nur Show gesehen haben) oder auch nicht, die aber eben nicht über das reden, was wirklich wichtig ist, nämlich: Was wollen und was können wir erreichen? Wozu sind wir in der Lage? Und wie muss das gemacht werden? Können und wollen wir den Preis dafür auch zahlen?

Diese Phase der Unangepasstheit an dein altes Umfeld von vor dem Einsatz kann nach meiner Erfahrung einige Wochen bis zu einigen Monaten dauern.

Ich sah nach dem ersten Einsatz wie gebannt alle Fernsehberichte und Diskussionen über das Thema, aber wenn mir – in Hamburg gibt es viele Afghanen – ein Afghane entgegenkommt, wechsle ich die Straßenseite. Ich will mit diesen Menschen möglichst nichts zu tun haben, vor allem wenn sie in irgendeiner Form traditionell gekleidet sind. Wenn sie westlich gekleidet sind und unsere Sprache beherrschen, ist dieses Phänomen geringer ausgeprägt oder auch gar nicht vorhanden. Im Einsatz hatte ich diese Berührungsangst nicht, auch nicht im dann folgenden zweiten Einsatz fünf Jahre später.

Im September 2007 sollte ich zu einem zweiten Einsatz nach Afghanistan gehen, diesmal nach Mazar-e Sharif. Schnell wurde klar, dass die Aufgaben sich sehr von denen von 2002 unterschieden. Keiner war jetzt im Entferntesten scharf darauf, das Lager zu verlassen, einige sträubten sich regelrecht. Die das Lager verlassenden Kolonnen waren immer bis an die Zähne bewaffnet und vermummt. Das Mahnmal, die Gedenkstätte im Eingangsbereich des Lagers hatte Fahnenmasten für alle beteiligten Nationen. Gedenktafeln erinnern hier an alle gefallenen Kameraden. Die Fahnen waren fast täglich auf halbmast – ein Zeichen, dass wieder einer oder mehrere Soldaten der beteiligten Einsatzkräfte gefallen waren. Mindestens zweimal pro Tag wurde beim Essengang ein Blick an diese Stelle gewagt, und immer fiel ein Kommentar!

In der Klinik zeigte sich eine insgesamt gute Stimmung. Der Leiter war ein Mann, den ich schon von einigen vorherigen Kontakten kannte, er managte alles mit einer bewunderungswürdigen Gelassenheit und Ruhe, was da an Unmöglichkeiten auf ihn und uns einprasselte.

Die Einweisungsveranstaltung für alle Neuankömmlinge wurde von einer ganzen Reihe von Vortragenden mit Powerpoint gehalten. Diesen Vortrag habe ich nur zehn Minuten aushalten können, da so viel Unsinn verbreitet wurde … »Wir sind Gäste hier, vergessen Sie das nicht.« So etwas gehörte noch zu den harmloseren Aussagen.

In dem Lazarett hatte ich die Ambulanz Neurologie und Psychiatrie zu leiten. Es gab eine vorzügliche Zusammengehörigkeit unter den Kollegen und mit dem medizinischen Assistenzpersonal. Unglaublich empfand ich allerdings die Tatsache, dass afghanische Patienten nur nach Zahlung eines Bestechungsgeldes an den »Vermittlungsarzt« im Regionalkrankenhaus behandelt wurden, und damit im Lazarett dann natürlich nur die wohlhabenden Afghanen auftauchten, die sich gerne eine Zweit- und Drittmeinung anhören wollten. Sie kamen meist mit verschiedenen Befunden einer bereits sehr lange bestehenden Erkrankung aus anderen Krankenhäusern unter dem Arm, so z. B. CT-Bildern aus Pakistan oder Iran, einige Jahre alten Vorbefunden aus dem Lazarett der Deutschen in Kabul usw. Dabei ging es ihnen weniger um eine erneute Untersuchung oder Beratung als vielmehr um die Aushändigung von benötigter Dauermedikation oder aber um einen erwünschten Vorschlag zu einer außergewöhnlichen und sehr modernen Behandlung in Deutschland oder sonstwo im Ausland. Als diese Wünsche der entsprechenden Patienten nicht erfüllt wurden, war ein deutlicher Unmut zu spüren. Dagegen erschienen die Patienten, die von dem »Vermittlungsarzt« im afghanischen Regionalkrankenhaus an unseren Klinischen Direktor übermittelt wurden, sehr verspätet oder gar nicht, was wohl darauf zurückzuführen gewesen sein dürfte, dass diese

Herrschaften das Bakschisch vielleicht nicht hatten aufbringen können. Einige von ihnen hätten freilich sofort kommen sollen, da sich ihr Krankheitsbild sehr ernst darstellte.

Als ich dann einige Patienten des bestochenen Vermittlers nicht ihrem Wunsch entsprechend mit Medikation versorgt hatte (einiges wurde ihnen immer ausgehändigt, nicht jedoch die erwünschte Sechsmonatsration), ebbte der Besucherstrom auch sichtlich ab. Schließlich hatte ich dann nur noch sehr wenige einheimische Patienten, vielleicht durchschnittlich zwei pro Woche ...

Splitter

Das Thema lässt einen wohl nie wieder los, oder? Nichts hat mein Leben in den vergangenen Jahren so beeinflusst wie die drei Einsätze in Afghanistan. Kein Tag, an dem ich nicht in irgendeiner Form daran denke.

Eine Oberstabsärztin der Bundeswehr

Sven Dirks
Idealismus ist ja schön ...

[Sven Dirks, Ingenieur, vielfache Einsätze in Herat, Kunduz, Faizabad, Mazar-e Sharif, Talorquan und Kabul von 2003–2007]

Viele Europäer unterschätzen die klimatischen Bedingungen in Afghanistan. Große, trockene Hitze und klirrende Kälte, Staub und Schnee machen Mensch und Technik gleichermaßen zu schaffen.

Im Winter 2005/2006 hatte ich die Aufgabe, auf dem TV-Hill, einem Berg mitten in Kabul, eine Funkstation einzurichten, damit alle deutschen Funkteilnehmer zuverlässig Notrufe absetzen und die Zentrale erreichen konnten. Die Sendestationen auf dem TV-Hill werden vom Militär bewacht. Franzosen und Mazedonier waren zu jener Zeit die Bewacher, das Kommando hatten jedoch Amerikaner.

Nach Ablauf der komplizierten Anmeldeprozedur nahm ich das alte, aber robuste und zuverlässige Geländefahrzeug des Technischen Hilfswerks THW, mit dem ich in Kabul immer herumfuhr. Ich lud die Funkstation ein und fuhr zusammen mit zwei Kolleginnen von der deutschen Polizei die tief ausgefahrene, verschneite und vereiste Piste auf den Berg hinauf. Der Weg führt in Serpentinen zwischen zumeist illegal gebauten Lehmhäuschen und abgesperrten Minenfeldern hindurch, vorbei an ausgebrannten Militärlastwagen und Bergen verschossener Munition. Auf der Spitze des Berges hatte sich ehemals ein Ausflugslokal befunden. Früher war der TV-Hill einmal mit Wald bedeckt gewesen und damals ein beliebtes Ziel für Wochenendausflüge.

Oben entschädigten uns klare Luft und Eiseskälte für die mühsame Fahrt in dem schaukelnden Gefährt. Die braune Smogwolke über Kabul war im Nordosten deutlich zu sehen. Zum Süden hin war die Luft ein wenig klarer, 2006 gab es dort noch viel weniger Menschen als heute. Obwohl es in Kabul nur wenig Industrie gibt, ist die Luftverschmutzung im Winter enorm. Das liegt unter anderem daran, dass es oft bitterkalt ist. Die Menschen verheizen in ihrer Not neben billiger Braunkohle und Dieselöl alles, was irgendwie brennt, vor allem auch Millionen von Plastikflaschen, in denen trinkbares Wasser verkauft wird. Dazu kommt, dass endlose Kolonnen klappriger, uralter Autos die Straßen Kabuls hoffnungslos verstopfen.

Mit dem in Afghanistan unbedingt erforderlichen Improvisationstalent hatten wir alsbald aus einem dicken alten Heizungsrohr, einigen Schrauben, einer langen Antenne, etwas Bandstahl, Klebeband, Kabelbindern und einer gehörigen Portion Hoffnung einen akzeptablen Funkmast zusammengebastelt. Die Funkstation stellten wir in einer zugigen Bretterbude mit wasserdichtem Dach auf. Strom gab es bei den Franzosen, die ausgesprochen nett waren, nachdem sie mein rostiges, aber passables Französisch vernommen hatten.

Nach einigen Stunden Arbeit verrichtete die Funkstation ihren Dienst, der erste Anruf in die Zentrale war klar und deutlich zu verstehen. So machten wir uns, nach einer Stärkung mit Café und Cognac, wieder auf den Weg zurück nach Kabul. Nach einigen hundert Metern sahen wir, dass sich ein altersschwacher Toyota Corolla in den tiefen Spuren der Piste hoffnungslos festgefahren hatte. Der Boden des Fahrzeugs saß auf der etwas erhöhten Wegmitte fest. Um das Auto herum gestikulierten aufgeregt etwa ein Dutzend Männer, denn die einzige Straße nach oben und unten war damit vollständig blockiert.

Wir sahen uns das Ganze eine Weile an, unsicher, was wir tun sollten. Die Männer versuchten einen Augenblick lang, mit bloßen Händen den alten Corolla aus der Furche zu heben, was angesichts der rostigen, scharfen Kanten des Autos und der Eiseskälte nicht funktionieren konnte.

Irgendwann wurde es dämmrig, mir wurde die Sache jetzt zu bunt. Ich fuhr dicht an den Wagen heran und stieg aus, um den Männern zu signalisieren, dass ich ihnen helfen würde. Die Gestikulationsfrequenz stieg auf das Doppelte, sie verstanden mich nicht und ich sie nicht. Meine fünf Brocken Farsi waren offensichtlich nicht genug, mit Englisch, Französisch, Norddeutsch oder Hessisch kamen wir auch nicht weiter. Uns war kalt, wir wollten heim, und so schnappte ich mir schließlich die dicke Kette aus dem Kofferraum, schekelte sie unter den misstrauischen Blicken der Männer am Corolla fest und bedeutete dem Fahrer, er möge einsteigen.

Ein Dutzend afghanische Männer können sehr bedrohlich wirken, wenn sie still und finster auf das Geschehen starren. Mit äußerlicher Ruhe und einem mulmigen Gefühl kletterte ich in unseren Landcruiser, schaltete den Traktorgang und das Differenzial ein und fuhr vorsichtig an. Zu meiner großen Erleichterung rutschte der angehängte Wagen sanft und sicher bergauf bis zur zweihundert Meter entfernten Ausweichbucht. Alle waren fröhlich: Der Fahrer, weil sein Auto noch in Ordnung war, die Männer, weil ihr Stadtteil wieder erreichbar war, und wir, weil wir nach Hause konnten.

Die beiden Polizistinnen bei mir im Auto hatten derweil ziemliche Mühe gehabt, sich Hunderter bettelnder Kinder zu erwehren, die in solchen Situationen aus dem Boden zu wachsen scheinen. Der kleine Vorrat, den jeder deutsche Reisende für diese Gelegenheiten mitführt, war natürlich schnell aufgebraucht, was die Kinder nicht daran hinderte, mit wieselflinken Händen nach weiteren Leckereien zu suchen. Normalerweise hätte ich jetzt mit den Männern erst einmal ausgiebig Tee trinken müssen. Da ich jedoch westliche Frauen dabeihatte, kam das nicht in Frage. Die Etikette sieht für einen solchen Fall vor, dass die Begleiterinnen völlig ignoriert werden – während mir die Männer mit huldvoll knappem Nicken und der lokalen Begrüßungs- und Abschiedsgeste zumindest Wohlwollen signalisierten. Eine Stunde später saßen wir wohlbehalten in der warmen Küche, und alles war wieder im Lot.

Eine Woche später funktionierte das Funkgerät leider nicht mehr. Nach dem erneuten Anmeldeprocedere kämpfte ich mich also wieder auf den TV-Hill, dieses Mal alleine. Die Formalitäten verkürzten sich glücklicherweise auf ein »Bonjour, ça va?«, da mich der französische Kollege sofort wiedererkannte und er den Schlagbaum einfach öffnete.

Die Funkstation zeigte als einziges Lebenszeichen die rote Leuchte, die eine Störung signalisierte. Während der Untersuchung kam ich mit dem französischen Kollegen ins Plaudern, und irgendwann fragte ich ihn beiläufig, wie kalt es denn nachts auf dem TV-Hill würde. »Och, so minus 40 Grad«, antwortete er. Da wusste ich, dass mein Funkgerät schlicht und einfach eingefroren und dadurch kaputtgegangen war, denn für diese Temperaturen sind europäische Geräte einfach nicht gemacht.

Im Frühling installierte ich dann eine neue Funkstation, dieses Mal mit einer eingebauten Heizung.

Die Gefährdung wächst

Das Jahr 2006 war für mich ein sehr spezielles Jahr. Ich verbrachte viele Monate in Afghanistan. Dort besuchte ich Herat, Kunduz, Fayzabad, Mazar-e Sharif, Kabul, Talorquan, Sorobi und einige andere Orte, die meisten davon, um dort zu arbeiten.

Die Aufgabe wurde dabei immer gefährlicher. Das erste Mal flogen im Mai 2006 die Kugeln in meiner Nähe. Es ging um ein paar harmlose Karikaturen, die eine dänische Zeitung einige Monate zuvor abgedruckt hatte. Aus einer großen Menschenansammlung heraus wurde plötzlich geschossen, viele Polizisten schossen zurück, es entwickelte sich eine wüste Schießerei. Ein paar Wochen später beschossen sich die Milizen zweier verfeindeter Warlords direkt unter meinem Schlafzimmerfenster mit Kalaschnikows. Im gleichen Jahr wurden zwei Bekannte entführt, von denen einer an den Folgen der Odyssee durch die Berge starb. Ich wurde bei einem Spaziergang von Einheimischen mit Steinen beworfen. Zu guter Letzt sprengte sich noch ein Attentäter samt Auto in die Luft, ein paar Sekunden zuvor war ich an dem Auto vorbeigefahren.

Das waren nur die Ereignisse aus meinem direkten Umfeld, die verbeulten Militärfahrzeuge in den Camps, die Soldaten in den Lazaretten, die Bombe auf dem Markt und die Rauchwolken über der Stadt kamen auch noch dazu. Der Stimmungsumschwung gegenüber den Deutschen, die aus historischen Gründen zuvor sehr beliebt waren im Land, war zum ersten Mal deutlich zu spüren.

Bei allem Idealismus lässt einen das alles nicht unberührt. Selbst wenn es gerade ruhig ist, wird man misstrauisch, lauernd, und ist ständig angespannt. Auch lebte ich meistens nicht in der relativen Sicherheit eines Militärcamps, sondern in einem kleinen Zimmer beim THW in Kabul oder in privaten Wohnungen von Kollegen der Botschaft in deren Gästezimmer. Selbst die sonst üblichen und gerne unternommenen Streifzüge durch die Stadt begrenzte ich eine Zeit lang auf das notwendige Minimum.

Kurz vor Weihnachten ergatterte ich trotz Schnee und ausgefallenen Flügen einen der letzten Plätze raus aus Kabul. Zwar musste ich dann noch einen Riesenumweg fliegen, aber an Weihnachten war ich zu Hause bei meiner Frau.

Kurz vor Silvester spazierten wir durch die Stadt, als zwei Halbwüchsige in unmittelbarer Nähe einen lauten Silvesterböller zündeten. Ich war noch so sehr auf Gefahr geeicht, dass ich blitzschnell meine Süße um die Taille packte, sie in den nächsten Hauseingang zerrte und erst einmal vorsichtig nach den Bösen Ausschau hielt. Nach einigen Sekunden wurde mir natürlich klar, dass ich für so ein Verhalten in der falschen Stadt, im falschen Land und auf dem falschen Kontinent war.

An dem Tag haben wir lange und ausführlich über mich gesprochen. Mir wurde zum ersten Mal so richtig bewusst, wie sehr ich nach jedem Einsatz in Afghanistan oder in anderen Krisengebieten Asiens oder Afrikas verhärtet und verknotet war. Ich bin in den ersten Nächten oft schreiend oder schweißgebadet aus irgendwelchen Albträumen erwacht. Nur durch die liebevolle Zuwendung meiner Frau und meine eigene Bereitschaft, mich mit den Folgen dieser Reisen auseinanderzusetzen, war ich in der Lage, die teilweise grausigen Erlebnisse zu verarbeiten.

Dabei war ich noch nicht einmal selbst in Kampfhandlungen verwickelt. Ich habe mich oft gefragt, ob es für Soldaten, die dort ihren Dienst an der Waffe tun und kämpfen mussten, schlimmer war, oder ob meine eigene unbewaffnete Hilflosigkeit unangenehmer war. Zumindest konnte ich nun frei darüber reden, dass ich Angst hatte, und musste mich nicht auch noch, wie viele Soldaten, hinter der Fassade des harten Kerls verstecken, um nicht als Weichei zu gelten.

2007 kamen weitere Freunde ums Leben, und ich nahm einen anderen Job an, der weniger gefährlich ist. Trotzdem muss ich ehrlicherweise zugeben, dass ich das Abenteuer, die Exotik und die Gefahr auch ein Stück weit vermisse und gerne mal wieder zu einem Einsatz rausfahren würde.

Splitter

Im Krieg gewinnt oder verliert man, man lebt oder man stirbt.
Und der Unterschied ist meist nur ein Wimpernschlag.
General Douglas MacArthur

Mirko Guzvic
Allein mit den eigenen Gedanken

[Mirko Guzvic, 26, Mazar-e Sharif 2007]

Wir starteten am 01. 06. 2007 vom Militärflughafen Nürnberg aus nach Afghanistan. Bis auf eine Kameradin, die in der gleichen Kaserne wie ich stationiert war, sah ich kein bekanntes Gesicht um mich herum. Wie so viele andere hatte ich mich für diesen Einsatz freiwillig gemeldet. Warum? Natürlich nimmt man das Geld gerne, und wenn man wieder nach Hause kommt, hat man etwas zu erzählen, und viele wollen hören, was man erlebt hat. Aber nur darum ging es mir nicht. Für mich war von Anfang meiner Dienstzeit an klar, dass ich in den Einsatz gehe, sonst wäre ich gar nicht zur Bundeswehr gegangen. Dass es dann schließlich nach Afghanistan ging, damit hatte ich zwar nicht gerechnet, aber gestört hat es mich auch nicht.

In meiner Umgebung wurde ich allerdings immer wieder mit verständnislosem Kopfschütteln konfrontiert und gefragt, wie ich das nur machen könne. Aber ich war Soldat, ich hatte mich dafür entschieden.

Über Termez flogen wir nach Mazar-e Sharif, von dort fuhren wir weiter ins Camp Marmal.

Am Anfang stand dann u. a. eine Rundfahrt durchs Camp und das Kennenlernen der Kameraden, mit denen man die nächsten Monate verbringen würde. Mein Leitverband ABC-Abwehr kam aus Berlin, aber nach einer gewissen Eingewöhnungszeit kam ich als einziger Süddeutscher mit den Jungs aus unserer Hauptstadt auch sehr gut zurecht. Zu meinen täglichen Arbeiten gehörte es, das Hospital im Camp und die Einsatzfahrzeuge der Sanitäter nach einem Einsatz zu reinigen und zu desinfizieren, ebenso die Duschen und Toiletten in den Unterkünften. Weiter haben wir abwechselnd die afghanischen Arbeiter im Camp bei ihren Arbeiten bewacht, auch fanden Nachtwachen statt, die sogenannte Camp Patrol. Manchmal haben wir dem Veterinär beim Einfangen irgendwelcher giftigen oder krankheitsübertragenden Tiere geholfen, die wir dann außerhalb des Camps wieder ausgesetzt haben. Ab und zu sind wir mit dem Gesundheitsaufseher zu den Amerikanern in ihr Camp Mike Spann gefahren.

Es ging uns ganz gut da unten, wir hatten eine vergleichsweise ruhige Zeit, keine Anschläge, anders als in Feyzabad und Kunduz, von den deutschen Camps dort kamen immer wieder Meldungen, dass es ziemlich heiß herging.

Zwei Monate später habe ich meinen Geburtstag fern der Heimat gefeiert. Wir haben den Grill aufgebaut, es gab Bratwurst und Steaks, und sogar eine Fischplatte mit Lachs und Garnelen wurde organisiert. Der Militärpfarrer kam extra vorbei, und es wurde eine ganz nette Runde.

Alles war gut, bis der erste Kamerad Probleme mit seiner schwangeren Freundin zu Hause bekam. Am Anfang haben sie viel diskutiert, dann wurde nur noch gestritten, bis die Freundin irgendwann gar nicht mehr ans Telefon ging und auch auf seine E-Mails nicht mehr geantwortet hat. Man kann sich vermutlich gut vorstellen, wie es einem geht, der über 5000 Kilometer von zu Hause entfernt ist und keine Möglichkeit hat, mit seiner Freundin Kontakt aufzunehmen, geschweige denn einfach mal schnell bei ihr vorbeizufahren. Leider hörte man viel zu oft von Beziehungen, die während eines Einsatzes zu Bruch gingen.

Probleme zu Hause kann man im Camp nur schlecht verbergen, Möglichkeiten, sich zurückzuziehen, gibt es eigentlich gar nicht. Bei einer Stubenbelegung von drei Mann auf zwölf Quadratmetern bekommen die Kameraden schnell mit, wenn etwas nicht stimmt. Also haben wir versucht, unseren Kameraden zu beruhigen, obwohl das nicht gerade einfach ist, wenn man eigentlich sehr gut verstehen kann, warum dieser weinend auf seinem Bett sitzt. Das beschäftigt und beunruhigt einen ja selber auch, man stellt sich die Frage, was die eigene Freundin gerade zu Hause macht. Hat sie bald auch keine Lust mehr zu warten, keine Lust mehr, jeden Tag mit Angst die Nachrichten einzuschalten und womöglich die Meldung zu hören, dass das Camp, in dem der Freund stationiert ist, angegriffen wurde?

Dann eines Morgens, ich lag noch im Bett und schlief, stand David vor mir, weckte mich und sagte, ich solle schnell aufstehen, die Feldjäger seien auch schon da, der Hauptfeldwebel wolle uns sofort in unserem Büro treffen, ohne Frühstück, ohne Rasur. Wir sollten uns beeilen. Also schnell in die Uniform geschlüpft und auf zum Büro am anderen Ende des Camps.

Es war noch sehr früh, fast alle Soldaten schliefen noch. Es war ungewöhnlich ruhig, die Sonne war gerade dabei aufzugehen, und so hatte sich der Boden noch nicht aufgeheizt. Obwohl wir zu viert waren, sprach keiner ein Wort. Niemand fragte, was passiert war. Irgendwie schien es jeder schon zu ahnen, und als wir dann endlich angekommen waren, bestätigte sich das Gefühl.

Da saßen wir, und unser Hauptfeldwebel erzählte uns, dass sich ein Stabsunteroffizier aus einer Aufklärungseinheit in der Nacht auf der Toilette eine Kugel durch den Kopf gejagt hatte. Als die Sanis vor Ort waren, konnten sie kaum noch etwas für ihn tun, und als sie ihn vor dem Hospital ausgeladen haben, hatten sie ihn ganz verloren. Jetzt ging es darum, dass der Raum desinfiziert werden musste. Ob es jemanden gebe, der grundsätzlich nicht mitmachen wollte? Bis auf einen von uns waren alle dabei, also bereiteten wir unsere Arbeitsmaterialien vor und luden alles auf unseren Toyota Pick-up.

Bis wir unsere Arbeit schließlich verrichten konnten, sollte allerdings noch fast der gesamte Tag vergehen. Gegen 16 Uhr war der Raum endlich freigegeben, die Warterei auf die bevorstehende unangenehme Arbeit hatte einen fast verrückt gemacht. Als wir an der Unterkunft der Aufklärer ankamen, saßen die Soldaten der Einheit davor, alle starrten auf den Boden, keiner sagte ein Wort. Auch wir gingen wortlos vorüber. Als der Gesundheitsaufseher dann mit uns in den Toilettenbereich ging, eröffnete sich uns ein Bild, bei dem einem die Schauer eiskalt über den Rücken laufen. Alles war voll Blut, am Boden waren deutlich die Schleifspuren zu sehen, die entstanden waren, als die Sanis den Soldaten in dem engen Raum aus der hintersten Kabine bis nach vorne gezogen hatten. Es roch unangenehm, die Hitze Afghanistans hatte in dem unklimatisierten Raum das Ihrige getan.

Wir begannen mit unserer Arbeit, es dauerte Stunden, bis wir den Raum gereinigt und desinfiziert hatten. Immer wieder verstopfte der kleine Abfluss des Raums, und unser Hauptfeldwebel musste die Brocken, die aus Knochenteilen und Gehirn bestanden, herausholen. Es war unerträglich schwül und stickig in dem Raum, der Schweiß lief einem in Strömen über den Rücken und das Gesicht. Gesprochen wurde nicht viel. Ich stellte mir die Frage, was mit der Familie des Soldaten war, was war mit seiner Freundin, hatten sie sich auch gestritten? Ehrlich gesagt, wollte ich es so genau gar nicht wissen, das Beste ist, so etwas gar nicht zu nah an sich heranzulassen. Nur nicht selber verrückt machen, lieber den Schalter umlegen und seine Arbeit machen, so entsetzlich das auch klingen mag.

Als wir eine kleine Pause machen wollten, kam ein Oberleutnant auf uns zu und fragte, ob er uns eine Zigarette ausgeben könnte. Er erzählte dann, dass er in der Stube direkt neben der Toilette schläft und dass er durch den Knall aufgewacht war. Bald waren aufgeregte Stimmen zu hören, wildes Durcheinanderlaufen. Kurz darauf waren auch schon die Sanis vor Ort. Er hat immer weitererzählt, und ich glaube, dass er einfach nur darüber reden wollte, mit irgendjemandem, Hauptsache, er war mit den eigenen Gedanken nicht allein.

Uns hat nachher keiner mehr gefragt, wie es uns dabei ergangen ist, nur unser Hauptfeldwebel hat nach uns geschaut, aber auf ihn war sowieso immer Verlass. Er war einer von den Typen, die alles nehmen, wie es kommt, weil er auch mit allem fertig wird. Er hatte immer ein offenes Ohr für seine Jungs. Zugleich durch und durch eine Führungsperson, ein Mensch, vor dem man einfach Respekt haben muss. Ich hab mich mit ihm über den ganzen Vorfall unterhalten. Dass irgendwie keiner darauf eingeht, keiner auf uns zukommt und uns fragt, ob alles in Ordnung ist. Thomas meinte, dass er schon oft im Einsatz war und so etwas noch nie erlebt habe.

Die letzten Wochen vergingen wie die ersten, wir haben unsere Arbeit gemacht. Wieder zu Hause in meinem Stammtruppenteil wurde über das Erlebte im Einsatz kaum gesprochen, außer bei den Stubenkameraden war das Interesse nicht sehr groß. Auch die Nachuntersuchung beim Truppenarzt ging sehr schnell. Wie fühlen Sie sich? Gut? Alles klar. Das war's. Na ja, für mich persönlich war es richtig, in den Einsatz zu gehen, aber ich frage mich, was wir ohne unseren Hauptfeldwebel da unten gemacht hätten!

Im Einsatz hing bei uns am Schwarzen Brett ein Zeitungsausschnitt aus der Bild-Zeitung. Es war einer dieser kleinen Ausschnitte von Seite zwei, wo Herr Wagner immer zu irgendwelchen Themen seinen Senf dazugibt. Der Artikel fing an mit: »Liebe Bundeswehrsoldaten«, im Mittelteil stand dann: »Es ist schrecklich, dass es das Schicksal eines Bundeswehrsoldaten in unserer Gesellschaft nicht gibt und dass wir seinen Tod hinnehmen wie einen Verkehrsunfall.« Und damit hat er vollkommen recht. Dass unsere Arbeit in der Öffentlichkeit nicht die größte Resonanz findet, ich glaube, das hat jeder Soldat inzwischen mehr oder weniger geschluckt. Umso weniger Verständnis habe ich dafür, dass man intern nicht offen ist für negative Erlebnisse.

Den Schluss des kurzen Artikels von Herrn Wagner sollte sich jeder mal durch den Kopf gehen lassen, besonders diejenigen, die für die Arbeit eines Soldaten kein gutes Wort übrighaben:

»Wofür, frag ich mich, wenn ich Bundeswehrsoldat wäre, soll ich sterben? Du bist ein Soldat ohne Heimat.«

Splitter

Seid ihr wirklich in dem Bewusstsein Soldat geworden, um auf Anordnung der Mehrheit unserer Bundestagsabgeordneten überall auf der Welt euer Leben und das Leben eurer Gegner und unbeteiligter Zivilisten aufs Spiel zu setzen? Oder wolltet ihr eigentlich nur unser Land verteidigen, so wie es im Grundgesetz steht?

Ich bin über jedes Opfer bestürzt und empfinde Trauer für die Angehörigen. Aber ich will nicht, dass ihr in über 7000 Kilometer Entfernung von Deutschland euer Leben, eure Gesundheit und euer Gewissen für mich auf Anordnung der Politiker hergebt.

Wolfgang Radinger
(aus einem Brief)

Katrin Fiedler-Macht
Emotionaler Ausnahmezustand

[Katrin Fiedler-Macht, 36 Jahre, verh., Rettungsassistent,
vier ISAF-Einsätze]

*Ich war Soldatin und war im Auslandseinsatz in Afghanistan. Zum
ersten Mal 2004. Seitdem kämpfe ich gegen böse Geister. Jetzt versuche ich, Worte zu finden. In erster Linie für mich selbst, aber
vielleicht ja auch für andere. Also werde ich versuchen zu sortie-
ren. Das ist schwer. Seit Jahren kreisen Gedanken in meinem Kopf.
Immer noch habe ich nicht gelernt, Gedanken zu steuern, mal den
Kopf abzuschalten. Ständig ist er mit irgendetwas beschäftigt. Ich
lebe heute in einer WG. Ich kann nicht allein sein. Mein Mann ist
während der Woche nicht da, und ich habe vor zwei Jahren immer
mal Halluzinationen und unkontrollierte Heul- und Wutanfälle
bekommen. Das habe ich jetzt etwas unter Kontrolle. Nur fällt es
mir eben immer noch schwer zu schlafen, mich zu konzentrieren,
meinen Ärger und Zorn ganz unter Kontrolle zu bekommen. Aber
ich fang mal von vorn an.*

Mitte 2004 meldete ich mich freiwillig in den Einsatz nach
Kunduz. Ich kam mit meinem damaligen Chef nicht gut aus, fand
den Gedanken verlockend, mal wegzukommen, und hegte den
Glauben, so ein Einsatz macht sich gut in der Beurteilung, die ja
wichtig und Auswahlkriterium für die Ernennung zum Berufs-
soldaten ist. Meine Güte, war ich naiv.

In Wahrheit war es eine Reise mit ungewissem Ausgang.

Eine Woche Sonderausbildung sollte mich dazu befähigen,
mich korrekt in einer Kultur zu bewegen, die nicht nur in einer
anderen Zeitrechnung lebt, sondern auch ganz anders denkt.
Das war »klasse«. Da wurde nur so geballert und auf die Kacke

gehauen … Jeder war ein Held oder wollte einer werden. Was aber wie ein Gespenst durch die ganze Woche waberte, waren die Nachrichten aus Afghanistan. Ein Wort: »Feyzabad«, brachte alle zum Flüstern und Betretene-Miene-Machen. 80 Soldaten, so hieß es, wären dort verschanzt und hätten das Messer zwischen den Zähnen. Mehr wisse man auch nicht. Alles ganz geheim. Ich gebe nicht so viel auf Klatsch und war deshalb voller Spannung, als ich dann nach Kunduz reiste.

In Kunduz angekommen, teilte man mir mit, dass ich in Feyzabad die Pflegestation übernehmen solle. Ich bin keine Krankenschwester, ich bin ausgebildete Rettungsassistentin. Die Gedanken rasten durch meinen Kopf. Ich versuchte, Einwände zu erheben, es half aber nichts.

Ich sah mitleidige Gesichter und bekam noch mehr Munition als für Kunduz und einen wärmeren Schlafsack. »… damit dir nicht kalt wird da oben«, so die Aussage desjenigen, der mir das Material gab. Ich hätte ihm das Ding am liebsten um die Ohren gehauen und mir noch mehr Munition geholt. Noch viel lieber wäre ich natürlich in Kunduz geblieben. Ich fühlte mich verarscht, allein gelassen, und ich hatte Angst.

Am nächsten Tag ging es nach Feyzabad. Gefühlte 2000 Afghanen standen am Flugplatz. Mit zitternden Knien stieg ich aus der Maschine und suchte mir schleunigst ein Auto, in das ich mich verkriechen konnte. Ich hatte Schiss, nichts gegessen, ich war am Ende der Welt, und um mich herum waren lauter komische Menschen. Die mir zwar nichts taten, aber sie könnten ja. Wir fuhren in Richtung Lager. Ich wollte gar nichts sehen, nicht von der Stadt, nicht von den Menschen dort, gar nichts. Es stank erbärmlich, und ich fühlte mich schmutzig.

Mitternacht. Wolgast. Wieder kreise ich durch unser Haus. Wir haben es im April 2009 gemietet, weil ich hier meine ehemalige Nachbarin als neue Untermieterin/Mitbewohnerin bei mir haben kann. Es ist gut zu wissen, dass jemand da ist, der dich zurückholt, wenn die Seele droht abzugleiten. Wenn der Strudel in meinem Kopf nicht mehr aufzuhalten ist. Einmal habe ich morgens meine Katze gesucht. Eigentlich war ich schon spät dran und wollte zur Schule. Ich habe sie nicht gefunden. Irgendwas in meinem Kopf hat da ausgesetzt. Ich bin gelaufen und gelaufen und hatte das Gefühl, über eine große Schlucht springen zu müssen, und dahinter würde ich sie ganz sicher finden. Ich habe dann eine Tür aufgerissen, und dann sah ich dort einen Mann sitzen, der ganz langsam meine Katze in kleine Teile zerhackt hat. Er hat mich dabei angesehen und gegrinst, und ich hörte meine Katze schreien. Ich habe geschrien und bin gegen irgendwas gelaufen. Ich wollte aus dem Haus laufen, konnte aber nicht. Dann fiel mir das Telefon ein. Es klingelte. Jemand wollte mit mir reden. Keine Nummer. Ich muss anrufen. Wen? Keiner da. Silvana und Ronny. Genau. Und dann waren sie da, und alles war so weich wie Watte um mich herum. Wie im Nebel habe ich dann meine Katze gesehen, die völlig gesund und maunzend zu mir kam. Weich, warm und real. Und meine Nachbarn, die mit mir sprachen – ganz normal, nicht wie mit einem Psychopathen. Wir haben dann beschlossen, zusammen zum Arzt zu fahren.

Eigentlich war es gar nicht so schlecht in Feyzabad. Anfangs war mir gar nicht wirklich klar, was ich da tun soll. Das spielte auch irgendwie keine Rolle. Alles war so weit weg. Nur die Zeit herumbringen, irgendwann wieder nach Hause. Meine Zeit war absehbar, die vieler anderer nicht. Und so richtet man sich ein, in so einem Lagerleben, versucht, eine Art Routine zu entwickeln, und ist dankbar für jedes freundliche Wort.

Das Camp war klein, man hatte es, auch wenn man sich viel Zeit ließ, in fünf Minuten zu Fuß umrundet. Es lag mitten in der Stadt, was ich gefährlich fand. Wir lagen da wie auf einem Silbertablett.

Die Bundeswehr verfügte nur über zweimotorige Transportflugzeuge, denen es nicht erlaubt war, das Tal anzufliegen, weil sie bei Ausfall eines Triebwerks nicht mehr herausgekommen wären. Für eine Evakuierung wären wir auf die viermotorige Herkules anderer Nationen angewiesen gewesen. Heute weiß ich, dass wir im Ernstfall allein gewesen wären. Damals wusste ich das nicht, und das war vielleicht auch gut so.

Vieles vergisst man, vieles verblasst. Aber einiges hat sich in mein Gehirn eingebrannt. Irgendwann hatte jemand die Idee, die Sanitäter könnten ja dem Schutztrupp unter die Arme greifen und ihr Lager selbst bewachen. Was bedeutet, dass wir im Ernstfall auch schießen müssten. Es gab viele Diskussionen, ob das überhaupt der Genfer Konvention entspricht. Der Kommandeur war jedoch optimistisch, als er mir das Nachtsichtgerät in die Hand drückte und meinte, damit sei ich jetzt gut gerüstet für eine nächtliche Patrouille um das Lager.

Auf meinen kurz genuschelten Einwand »Wie funktioniert das?« meinte er nur, ich wäre ja nicht allein, und die Sanis sollten sich mal nicht so anstellen … Ich hatte Unterstützung bitter nötig. Die fand ich auch bei A., mit dem zusammen ich meine Wache machte. Mit ihm fühlte ich mich sicher und einigermaßen beschützt. Er war immer gut drauf. Blöd nur, dass ich ihn auf einem unserer Wachgänge fast erschossen hätte. Ich war bis oben hin voll mit Adrenalin, als wir das Lager verließen, um auf der anderen Straßenseite unseren Fuhrpark zu kontrollieren. Mein Herz hämmerte wie wild. Ich hatte das Gefühl, halb Feyzabad müsste das verräterische kleine Ding hören. Ich stolperte mehr schlecht als recht durch die Dunkelheit und versuchte mich zu orientieren. Ich wusste, dass sich hier irgendwo immer Afghanen aufhielten, die unser Lager am Tag mit uns bewachten. Das war sowieso das Seltsamste damals für mich: Afghanen, die im Lager arbeiten und dasselbe auch noch mit bewachen. Wie soll ich die nachts auseinanderhalten? Als ich hinter mir Geräusche hörte, drehte ich mich um und richtete meine Waffe auf A. Er sagte nichts außer: »Alles in Ordnung hier.« Super, ich hätte dich fast abgeknallt, aber sonst alles in Ordnung hier.

Ich kann nicht beschreiben, was das für ein Gefühl ist, wenn man solche Dinge realisiert. Erst denkst du nicht weiter drüber nach. Ist ja alles noch mal gut gegangen. Aber später. Da dreht sich mir der Magen um, wenn ich nur dran denke. Auch ich bin dann später in einer nächtlichen Übung in Gewehre hineingelaufen, die auf mich gerichtet waren, weil niemand den Kameraden, die das Haus von innen sicherten, verraten hat, dass der Alarm aufgehoben war. Emotionaler Ausnahmezustand!

Der nächste Kommandeur hatte die fixe Idee, dass er in den Bergen die alten Geschütze, die man von unten nur mit dem Fernglas sehen konnte, aus der Nähe betrachten wollte. Also fuhren wir mit drei Wölfen los, ich als Sanitätsbegleitung. Wir sind die steilen Berge hoch, die Straßen waren so schmal, dass gerade ein Wolf Platz hatte, und manchmal wurde mir flau im Magen, wenn ich in den Abgrund sah.

Auf dem Hinweg hatte sich schon einer der Wölfe festgefahren, den wir aber mit viel Buddelei wieder verkehrstüchtig machen konnten. Ich saß dann in einem Wolf, der von A. gefahren wurde, vor mir saß der Kommandeur und ich hinten, wie eine Sardine in der Dose gefangen mit meiner Splitterschutzweste, dem Rettungsrucksack und der Munition darin. Beim Versuch zu wenden rutschte der Wolf mit den Hinterrädern über den Abgrund. Der Kommandeur sprang aus dem Wagen und ließ seinen Sitz wieder nach hinten klappen. Ich hatte keine Chance, im Guten aus dem Ding rauszukommen. A. grinste mich an und meinte: »Du steigst jetzt besser auch aus.«

Nur wie! Ich hatte Panik. Aber ich wusste auch, dass ich ruhig bleiben musste. A. sprach leise mit mir weiter, und ich befreite mich ganz langsam aus meiner Zwangslage. Wie genau ich da rausgekommen bin, weiß ich nicht mehr. Das Nächste, an das ich mich erinnere, ist meine Angst, als A. im Wagen sitzen blieb und lachend meinte: »Grüßt meine fünf Frauen und fünfundzwanzig Kinder!«

Dann hatte endlich jemand einen Haken an dem Fahrzeug angebracht und zog R. samt Wolf vom Abgrund weg. Auf den Bildern, die natürlich immer gemacht wurden, sieht man später nur verbissene, lachende oder abwesende Gesichter. Mein Therapeut hat mir erklärt, dass nur 30 Prozent aller Menschen in Not- und Stresssituationen richtig funktionieren.

Es ist eine andere Welt. Nicht real. Nur vorübergehend.

Sonntagnachmittag. Ich bin allein. Es ist Valentinstag, und mein Mann düst in der Welt herum. Das ist sein Beruf. Wir haben uns Ende 2006 in Termez kennengelernt, und es war nicht Liebe auf den ersten, aber wohl auf den zweiten Blick. Und so wie ich damals gelitten habe, als ich ohne ihn nach Hause fliegen musste, war ich überglücklich und erleichtert, als er in Deutschland wieder vor mir stand. Die gleiche Liebe in den Augen, die gleiche innige Umarmung, die mir das Gefühl gab, alles wird gut. Seit drei Jahren kämpft er nun mit mir darum, dass wirklich alles gut wird. Er nennt mich manchmal liebevoll Dr. Jekyll und Mr. Hyde. Er versucht mich zu verstehen, kämpft um jedes Lächeln von mir und versucht einfach, die Welt für mich wieder schön zu machen. Heute stehen wir kurz vor der Hochzeit. Wir heiraten allein. Weil wir das so wollen. Wir sind gern für uns, genügen uns völlig. Wir haben uns immer was zu sagen, und wenn mal nicht, ist das auch gut.

Als erstes Kontingent hat man ja die ehrenvolle Aufgabe, all das Super-Sanitätsmaterial aus Deutschland aus den Containern zu holen, es in Listen zu schreiben und damit unsere heißgeliebte Materialverwaltung auch am Hindukusch aufrechtzuerhalten. Und dann, kaum hatten wir damit begonnen, hieß es auch schon, das Team der Inventar-Überprüfung (§ 78) hätte sich angesagt. Und das macht selbst in Deutschland Spieße hektisch und Materialverwalter aufgeregt. Aber hier, im ersten Kontingent? Materialzählung? Ich war froh, überhaupt Material vorzufinden. Wenn auch mit fragwürdiger Ausstattung bestückt. Wozu brauche ich im Einsatz eigentlich einen Rollator, einen Dekubitusgelring und eine Schnabeltasse? Hauptsache, es war in großer Anzahl mehr oder weniger brauchbares Material da, und das war es.

Als ich später aus Feyzabad nach Hause kam, fühlte ich mich auch einsam und hätte am liebsten auf der Stelle wieder kehrtgemacht. Nicht, dass jemand aus meinem SanZentrum mit mir über den Einsatz geredet hätte. Mein Spieß hat einen schüchternen Versuch unternommen. Aber da er selbst in Kunduz war, wollte er sich dazu wohl nicht weiter äußern.

Montagmorgen. Ich habe letzte Woche meine Ausbildung zum Physiotherapeuten beendet. Ich habe sie begonnen, um etwas zu machen. Irgendwas. Aus Sicherheitsdenken. Ich habe versucht, mich anzupassen. Aufgesetzte Fröhlichkeit ging nicht lange gut, und nette Klamotten und rosa Fummel sind auch nur im ersten Moment geeignet, über die schwarze Wolke in mir hinwegzutäuschen. Am Anfang haben sie noch versucht, mit mir zu reden, dann aber irgendwann akzeptiert, dass ich anders bin. Nur manchmal, da hatte ich nichts mehr unter Kontrolle. Wie damals, als der Fotograf in die Klasse kam, um Fotos für eine Lokalzeitung zu machen. Da sind Bilder wachgeworden von Särgen mit Journalisten, von Fotografen im Camp, von Fotosafaris in Afghanistan. Ich konnte die Kälte fühlen, die in mir war, als ich die Särge berührte, sah wieder das Leid vor mir. Es ist wie eine Kettenreaktion, die nicht aufzuhalten ist. Wie viel Verständnis kann ich noch von meiner Umwelt erwarten? Ein Mädchen aus meiner Klasse hat mal zu mir gesagt, ich wäre anstrengend. Anstrengend? Jeder Tag ist ein Kraftakt. Jede Verpflichtung eine Last. Der Kampf um jeden schönen Moment ein schier endloses Ringen mit der Vergangenheit. Und nun ist meine Kraft einfach am Ende. Nun muss ich meiner Realität in die Augen sehen und sagen: So bin ich eben. Ich nehme keine starken Antidepressiva, und deshalb bin ich manchmal schlecht drauf. Wenn ich nicht schlafen kann, versuche ich es mit Rotwein. Wenn es mir sehr schlecht geht, erfinde ich Ausreden, um nicht in die Schule, die Klinikpraktika oder zu meinem Reittraining fahren zu müssen. Ich setze mich keinem »Ich muss jetzt aber« mehr aus. Das erzeugt nur Selbstzweifel und Angst. Angst vor mir selbst und vor dem Sog in meinem Hirn, der mich in große leere Löcher zieht. Ich möchte meine Ausführungen mit einem Satz aus meinem Lieblingsbuch beschließen, »Der kleine Prinz« von Antoine de Saint-Exupéry. »Man sieht nur mit dem Herzen gut. Das Wesentliche bleibt den Augen verborgen.«

Splitter

Heilung ist nicht die Abwesenheit von Schmerz und Leiden – Heilung bedeutet, mit dem Schmerz und dem Leiden leben zu lernen.

Claude AnShin Thomas
amerikanischer Zen-Mönch und Vietnam-Veteran

Kerstin Laszkowski

Körperliche und seelische Unversehrtheit
Beobachtungen einer Mutter

Ich bin Mutter von drei Kindern. Mein ältester Sohn leistete seinen Bundeswehrdienst als Zeitsoldat im Sanitätsdienst. Dort erfuhr er im Jahr 2002, dass er zu einem 6-monatigen humanitären Auslandseinsatz nach Afghanistan abkommandiert wird. Diese Nachricht war für mich als Mutter natürlich ein Schock. Was wussten wir eigentlich über Afghanistan? Ich versuchte mich zu informieren, doch es gab keine eindeutigen Aussagen darüber, was meinen Sohn dort erwarten würde.

Unsere Familie wurde vom Familienbetreuungszentrum der Bundeswehr in Dresden betreut. Kurz vor seinem Einsatz hatten wir dort eine Zusammenkunft, welche für mich keine große Aussagekraft hatte. Es wurde während eines Kaffeetrinkens über bisherige Auslandseinsätze der Bundeswehr gesprochen. Dabei ging es aber überwiegend um den Einsatz im Kosovo. Über Afghanistan wurde nur kurz erwähnt, dass die Lage dort stabil sei und die Soldaten dort das Lager in der Nähe Kabuls aufbauten. Bei zwei weiteren Zusammenkünften während des Einsatzes meines Sohnes lief alles ähnlich ab. Diese Betreuung empfand ich als wenig hilfreich, da es an aussagekräftigen Informationen fehlte.

Bis zu seiner Verabschiedung Mitte Juni 2002 versuchten wir, das Familienleben so normal wie es eben ging laufen zu lassen. Aber mein Bauchgefühl sagte mir nichts Gutes. Mein Sohn wurde dann am Tag vor dem Abflug von seinem Vater in die Kaserne gebracht. Mir fiel die Verabschiedung von ihm sehr schwer, und es flossen viele Tränen, denn er brach in eine völlige Ungewissheit für uns alle auf. Selbst in den Medien war zum damaligen Zeitpunkt nichts über Afghanistan zu erfahren.

Er als junger Mensch sah diesen Einsatz verständlicherweise mit anderen Augen als ich. Er war voller Tatendrang, Hoffnung und Zuversicht, etwas Wichtiges für die Menschen dort zu tun. Zu diesem Zeitpunkt war mein Sohn ein Mensch, der sich allen Dingen gegenüber offen zeigte und keine Scheu hatte, mit Menschen umzugehen.

Nach seinem Abflug warteten wir ständig auf ein Zeichen von ihm. Wir schrieben uns, schickten uns Päckchen und telefonierten. In seinen Briefen hielt er seine Äußerungen immer sehr allgemein, so dass der Eindruck für mich entstand, dass es zwar sehr hart sei, er aber mit den Bedingungen zurechtkäme. Bei Telefonaten lief es ähnlich ab. Ich war froh, seine Stimme zu hören, wollte aber auch so viel wie möglich über die dortigen Gegebenheiten und die Lage wissen. Häufig wurden diese Gespräche dann einfach unterbrochen, die Verbindung war weg. Warum auch immer!

Während eines kurzen Urlaubs von ihm konnte ich mich dann wenigstens überzeugen, dass es ihm körperlich gutging. Wir hofften, dass die restlichen drei Monate schnell vergehen würden.

Im November erhielt ich dann plötzlich einen Anruf der Bundeswehr, in dem mir kurz mitgeteilt wurde, dass mein Sohn einen Unfall hatte und ausgeflogen würde. Es wurden mir gegenüber keine weiteren Erläuterungen gemacht. In den folgenden Stunden stand ich völlig neben mir, ich wurde vollkommen allein gelassen. Endlich erreichte uns ein Anruf meines Sohnes, er hatte sich eine Knieverletzung zugezogen und musste operiert werden. Ich war trotz der Knieverletzung und der nachfolgenden Operation froh, ihn wieder hier zu haben.

Nach seinem Krankenhausaufenthalt und einem anschließenden Urlaub trat er dann seinen Dienst in Deutschland wieder an. Mir fielen in diesen Tagen und Wochen nach seinem Einsatz einige Dinge an ihm auf, die ich so bisher nicht von ihm kannte. Er war äußerlich recht schmal, sein Gesichtsausdruck wirkte stark abgekämpft und irgendwie verkrampft. Er war auch sehr ruhig, in sich gekehrt und sprach nicht viel über das Erlebte. Er erzählte hin und wieder ein paar einzelne Brocken, aber ein größeres Gespräch gab es trotz Nachfragen nicht. Es fiel schon sehr auf, dass er sich verändert hatte. Er ging viel seltener weg, mied größere Menschengruppen, saß viel vor dem Computer und schaute sich dort Afghanistanvideos an. Er wirkte sehr verschlossen. Ich hatte immer noch die Hoffnung, dass er erst wieder zu Hause »ankommen« und das Erlebte verarbeiten musste. Im Sommer 2003 zog er dann zu seiner Freundin. Sein Verhalten änderte sich aber nicht. Es wurde für uns sozusagen zur Normalität.

Jetzt, fast acht Jahre nach seinem Einsatz, kann ich nur sagen: Er ist nie wieder richtig in der Heimat angekommen. Er lebt in seiner eigenen Welt, und viele Menschen, z. B. Arbeitskollegen, selbst Partner konnten und können ihn nicht verstehen.

Aufgrund seiner damals gehäuften privaten Probleme begab er sich vor einem Dreivierteljahr in psychotherapeutische Behandlung. Er war fünfeinhalb Monate in einer psychosomatischen Klinik in stationärer Behandlung. Selbst dort konnte man ihm nicht helfen. Er sprach das Thema Afghanistan öfter an, doch die Therapeuten konnten ihm nicht helfen. Selbst bei seiner jetzigen Tätigkeit bekam er von seinem Chef zu hören: »Was wollen Sie denn? Sie waren doch nur fünfeinhalb Monate dort!«

Dies alles bestätigte ihn nur in seiner Meinung, dass kein Außenstehender ihn versteht und es niemanden wirklich interessiert, wie es ihm geht. Als Mutter steht man völlig verzweifelt und hilflos der Sache gegenüber. Man will helfen, macht aber selbst die Erfahrung, dass es niemanden gibt, den es nach dem Einsatz interessiert, wie es dem Soldaten oder dessen Familie geht. Man ist völlig allein in dieser Situation.

Es sind nun fast acht Jahre seit seinem Einsatz vergangen, und ich muss sagen, dass es ihm schlechter geht als je zuvor. Er leidet unter massiven Schlafstörungen, hat Albträume, begibt sich kaum noch unter Menschen, auf keinen Fall in größere Menschengruppen. Er hat deshalb Probleme beim Bus- und Bahnfahren, hat Angstzustände, traut keinem Menschen mehr usw. Ich sehe in ihm nur noch den Schatten seiner selbst. Momentan befindet er sich in einer psychotherapeutischen Tagesklinik, und ich hoffe inständig, dass er hier endlich jemanden findet, der ihn versteht und ihn auf den richtigen therapeutischen Weg führt. Er ist erst 29 Jahre und hat sein Leben doch noch vor sich. Ich hoffe sehr, dass er in sein altes Leben zurückfindet.

Wir als Familie sind für ihn da, aber wir sind keine Fachleute. Auch wir wurden niemals informiert, was durch so einen Einsatz in einem Menschen vorgehen kann.

Mein Bruder geht nach Afghanistan
(Erfahrungsbericht seiner damals 16-jährigen Schwester Tina)

Mein Bruder war bei der Bundeswehr als Sanitäter tätig. Er verpflichtete sich für mehrere Jahre und war auch bereit, ins Ausland zu gehen. Und dann plötzlich war es so weit. Es hieß, dein großer Bruder geht nach Afghanistan. In der Zeit von Juni 2002 bis November 2002 befand er sich im Auslandseinsatz, und ich habe mir so meine Gedanken gemacht. Bis dahin hat es mich nicht sehr interessiert, was so in Afghanistan los war. Aber seit dem Tag hörte ich schon einmal genauer hin, wenn etwas über Afghanistan berichtet wurde. Daraufhin wurde mir auch klar, mein Bruder geht dorthin, wo Krieg herrscht.

Immer wenn von erneuten Bombenangriffen in Afghanistan berichtet wurde, hoffte ich nur, lass es ihm gutgehen. So war es zum Glück auch. Meistens erhielten wir nicht lange danach einen Anruf von ihm und konnten sicher sein, dass es ihm gutging. Und dann war es plötzlich November, sein Einsatz sollte eigentlich noch nicht zu Ende sein, aber es hieß, er muss wegen einer Knieverletzung nach Deutschland ausgeflogen und operiert werden. Als ich ihn zum ersten Mal wiedersah, lag er im Bundeswehrkrankenhaus und wurde am Meniskus operiert.

Nach seiner Entlassung merkte ich, mein Bruder hatte sich verändert. Der vor dem Einsatz offene und kontaktfreudige Mensch war nicht mehr derselbe. Er redete sehr wenig darüber, was er in Afghanistan erlebt hatte, und zog sich fast immer zurück. Er blieb lieber für sich, als unter Menschen zu gehen, und forschte allein im Internet darüber, was es so Neues gab in Afghanistan.

Der Auslandseinsatz hat meinen Bruder zu einem ganz anderen Menschen gemacht. Aber nicht im positiven Sinne.

Yves Laszkowski
Meine Zeit nach dem Auslandseinsatz

[Yves Laszkowski, 30, Stabsunteroffizier, Rettungssanitäter, Kabul 2002]

Von Juni bis November 2002 befand ich mich als Stabsunteroffizier und Rettungssanitäter als Teil des MedEvac-Zuges in Kabul. Dieser Einsatz, der so plötzlich begann und ungenügend vorbereitet wurde, endete für mich genauso plötzlich und unvorbereitet. Ich zog mir während eines nächtlichen Einsatzes in einem ausgelagerten Vorposten des Camp Warehouse eine Knieverletzung zu und musste zwei Tage später nach Deutschland ausgeflogen werden.

Es fiel mir schwer, mich am Tag vor dem Abflug im Lager von meiner »Familie«, der Einsatzkompanie der Fallschirmjäger, zu verabschieden. In den vergangenen Monaten waren wir gemeinsam auf Patrouille gewesen und haben einige unbequeme Einsätze durchlebt.

Hätte ich nur schon zu dieser Zeit gewusst, dass sich mein Leben während der nächsten Jahre komplett ändern würde, ohne dass ich es zunächst selber bemerkte!

Ich kam Samstagabend zu Hause an und zog mich sofort zurück, meiner Familie erzählte ich nur Kleinigkeiten aus dem Einsatz. Am Montag fuhr ich in die Kaserne, um mich bei meinem Truppenarzt vorzustellen. Dabei erhielt ich den ersten dummen Spruch von einem Kameraden: »Na, kann man dich nicht mal allein in den Einsatz lassen, ohne dass etwas passiert?« Ich antwortete nicht darauf.

Am selben Tag kam ich in das Bundeswehrkrankenhaus in Leipzig, wo ich tags darauf operiert wurde. Zum Glück war es nur ein Meniskusriss, und der Innenmeniskus wurde entfernt.

Während dieser Zeit lernte ich meine neue Lebensgefährtin und ihren Sohn kennen, dank dieser schönen Erfahrung konnte ich für kurze Zeit abschalten.

Der Einsatz holte mich aber bereits im Dezember wieder ein. Wir waren zusammen auf dem Weihnachtsmarkt, als ich die Nachricht erhielt, dass es in Kabul zu einem Hubschrauberabsturz gekommen war. Daraufhin war ich wie weggetreten, betrachtete die anderen als Gefahr und musste panisch den Markt verlassen. Ich war danach nur noch in Gedanken, ob jemand betroffen sein würde, den ich kannte, und ob es mich vielleicht selbst getroffen hätte, wenn ich mich nicht verletzt hätte. Aber ich redete nicht darüber und lenkte mich lieber ab.

Nach meinem Urlaub trat ich im Februar meinen Dienst wieder an. Aber es war nichts mehr so wie zuvor. Alle fragten zwar nach dem Einsatz und beäugten mich irgendwie vorsichtig, aber ich erzählte nur kleine Episoden. Abends, als ich dann allein war, kreisten die Gedanken wieder ganz um den Einsatz, und ich fühlte mich total verloren und ohne Aufgabe.

Aber mit wem sollte ich reden? Ich durfte mir lauter Sätze anhören wie: »Du bist wieder da, und jetzt ist wieder normaler Dienst«, »Jetzt geht es weiter, du hattest ja lang genug Urlaub«, oder »Stell dich nicht so an, du wusstest doch, auf was du dich einlässt«. Auch privat bekam ich das oft zu hören. Zu dieser Zeit wurde der Bruder Alkohol mein neuer, einziger Begleiter. Immer öfter stürzte ich mich ins Trinken.

Ich beschloss, meine noch im Einsatz beantragte Dienstzeitverlängerung zurückzuziehen, und bewarb mich auf eine Beamtenstelle. Im Oktober 2003 konnte ich die Bundeswehr verlassen. Danach ging es mir gefühlsmäßig ziemlich gut. Ich hatte eine neue Aufgabe und konnte mich um meine neue Familie kümmern. Was ich allerdings nicht merkte, war, wie ich mich aus dem öffentlichen Leben zurückzog. Ich überließ das Einkaufen meiner Freundin, bewegte mich nicht mehr unter Menschen, und abends saß ich nur vor dem PC und suchte neue Beiträge über Afghanistan.

Dies hat sich bis heute nicht geändert. Sobald ich das Haus verlasse, verkrampfe ich sofort, ich ertrage es nicht, wenn jemand hinter meinem Rücken läuft. Ich muss dann anhalten, um diese Personen vorbeizulassen, oder laufe noch schneller, um Abstand zu gewinnen. Selbst an öffentlichen Plätzen halte ich mich stets am Rand und in der Nähe von Hauswänden auf. Bus bzw. S-Bahn sind für mich tabu, wenn diese voll sind. In jedem Fall halte ich mich immer in der Nähe der Tür auf. Auch unbewusst suche ich in Menschenansammlungen ständig einen Fluchtweg.

Wenn ich mir darüber Gedanken mache, weiß ich, dass mir diese Menschen nichts tun können und wollen, aber mein Körper entwickelt diese Angst, die ich im Ausland ziemlich schnell verloren hatte, von allein. Über die Jahre wurde dies immer schlimmer. Es kamen immer mehr Träume, zum Beispiel ein Erlebnis aus der Kindheit: Wir wurden von anderen Kindern mit Steinen beworfen und wussten nicht, wie wir uns schützen konnten. Dann sehe ich das Bild, wie wir in Afghanistan Menschen auseinandertrieben, indem wir mit den Wölfen (Landrover) in die Menge fuhren.

Um meiner Freundin nicht immer mein schreckhaftes Aufwachen anzutun, zog ich aus dem Schlafzimmer aus und schlief ab da auf dem Sofa. In dieser Zeit vertraute ich wieder mehr meinem Freund Alkohol, da ich nicht darüber reden konnte und auch das Gefühl hatte, es hört mir keiner zu.

Von meiner Freundin erhielt ich den Rat, zu einem Psychologen zu gehen, aber das kam für mich nicht in Frage. Ich bin doch stark, dachte ich, das geht schon wieder weg. Ich schaffe das schon. Eher fühlte ich mich durch den Ratschlag persönlich angegriffen.

So kam es, wie es kommen musste. Ich äußerte immer wieder den Wunsch, nach Kabul zurückzuwollen, gleichzeitig ging ich kaum noch aus dem Haus und trank immer mehr. Im Dezember 2008 trennte sich meine Verlobte, inzwischen waren wir verlobt, von mir. Dies bedeutete meinen endgültigen Zusammenbruch.

Nun begriff ich doch, dass ich etwas tun musste, bevor ich ganz am Abgrund stehe. In der Zwischenzeit hatte ich 2005 einen Wohnungsbrand erlebt, der mir auch zu schaffen machte.

Nach einem Zusammenbruch in meiner Dienststelle begab ich mich im Mai 2009 endlich in Therapie. Seither bin ich krankgeschrieben. Ende Juni wurde ich wegen Depressionen und Posttraumatischer Belastungsstörung, die allerdings aufgrund des Wohnungsbrands gestellt wurde, in eine Klinik für Psychosomatik und Psychotherapie eingewiesen. Auf die Folgen des Einsatzes wurde kaum eingegangen.

In dieser Klinik befand ich mich 5½ Monate. Während dieser Zeit brachte ich immer wieder das Thema Kabul zur Sprache, was aber kaum beachtet wurde. Mein Therapeut äußerte, dass wir das der Krankenkasse nicht so verkaufen könnten, da dann ein anderer Versicherungsträger zuständig wäre. Erst nach vier Monaten äußerte er im letzten Verlängerungsantrag gegenüber der Kasse meine Teilnahme an dem Aufenthalt in Kabul, jedoch ohne einen Zusammenhang mit meinen Angstattacken herzustellen.

Selbst in einer Gruppenstunde, als ich es endlich schaffte, offen über meine Zeit in Kabul zu reden, fragte mich der Gruppentherapeut, wieso ich dieses Thema anschneiden würde. Wir sollten doch lieber über meine Kindheit reden.

Also redete ich nie wieder darüber, fühlte mich allein gelassen und begann mich wieder mit Alkohol zu therapieren. Da es mir dadurch nur noch schlechter ging, quälte ich mich täglich mit Suizidgedanken, begann Schlaftabletten zu sammeln und verletzte mich immer öfter selbst. Nur so war es noch auszuhalten. In dieser Zeit wurde ich zweimal über Nacht in die geschlossene Psychiatrie eingewiesen, Anfang Dezember wurde ich symptomverschlechtert in die Psychiatrie an meinem Heimatort verlegt.

Jedoch auch dort wurde mir gegenüber geäußert, dass aufgrund meiner vielen Probleme mir nicht geholfen werden könne. Nach einer Woche wurde ich nach Hause entlassen.

Ich bekam dann Anfang Januar einen Platz in der psychiatrischen Tagesklinik, wo ich endlich eine Psychologin fand, die mir zuhörte, und wo ich offen reden konnte. Hier fühlte ich mich das erste Mal richtig aufgehoben, und als sie eines Tages, auch in Bezug auf Kabul, das Wort Traumatisierung äußerte, empfand ich dies als die langgewünschte Erleichterung.

Auch sie stellte dann immer wieder die Frage, wieso ich wieder zurückwolle. Darauf finde ich keine direkte Antwort, ich stelle mir selbst die Frage, ob es so ist, weil ich dort funktioniert habe und keine Gefühle zeigen musste? Oder will ich vor meinen Ängsten fliehen, welche ich in Kabul ausblenden konnte, die mich heute jedoch immer mehr einholen? Oder will ich den aufgrund meiner Verletzung abgebrochenen Einsatz beenden? Ich weiß es nicht.

Leider konnte im Rahmen der Tagesklinik keine ausreichende Therapie angeboten werden. Der Aufenthalt zeigte mir jedoch einen Weg auf, man empfahl mir noch einmal einen stationären Aufenthalt. Auch wenn ich Angst vor einem erneuten Klinikaufenthalt habe, führte ich bereits ein Vorgespräch in einer weiteren psychiatrischen Klinik. Bei der dortigen Psychologin fühlte ich mich gut aufgehoben, daher sagte ich zu und werde mich nun im April für 14 Wochen in diese Klinik begeben. Da die Klinik in der Nähe einer großen US-Kaserne liegt und hier auch GIs behandelt werden, hoffe ich, einiges bearbeiten zu können.

Gibt es endlich ein Licht am Ende des Tunnels? Muss ich die Hoffnung, später wieder am Leben teilnehmen zu können und nicht in jedem Menschen eine permanente Gefahr sehen zu müssen, doch nicht ganz aufgeben? Acht Jahre nach dem Einsatz möchte ich endlich wirklich aus Kabul »zurückkommen«!

Gern möchte ich an alle Rückkehrer appellieren: Sobald ihr merkt, dass etwas nicht mit euch stimmt oder ihr von Freunden oder Bekannten darauf angesprochen werdet, sucht euch frühzeitig Hilfe und lasst nicht so viele Jahre vergehen wie ich. Auch wenn ich mir immer eingeredet habe, dass ich es allein schaffe, musste ich einsehen, dass es so nicht geht.

Splitter

Im Krieg gibt es keine unverletzten Soldaten.
José Narosky

Margot Hellwig
Eine Begegnung und eine Erinnerung

[Margot Hellwig, geboren 1941 in Reit im Winkl, sehr beliebte
Sängerin von volkstümlicher Musik. Sie ist verheiratet und hat
zwei Söhne, Gregor und Rupert. Gemeinsam mit ihrer Mutter
Maria Hellwig treten beide auch als Duo auf.]

Ich war in das Mittagsmagazin des Mitteldeutschen Rundfunks
eingeladen, ebenso wie Frau Dr. Heike Groos. Während der langen Wartezeit in der Garderobe lernten wir uns kennen, und ich
hatte Gelegenheit, ihr viele Fragen über Afghanistan zu stellen.
Die Antworten waren bedrückend, und die Wahrheit über den
Einsatz unserer Soldaten dort erschütterte mich. Es ist doch noch
gar nicht so lange her, da war die Parole »Nie wieder Krieg« in
aller Munde. Sollen diese Worte bereits wieder vergessen sein?
     Ich selbst gehöre der vaterlosen Generation an. Meine Eltern
heirateten während eines Fronturlaubs im Dezember 1940. Kurz
darauf musste mein Vater wieder in den Krieg ziehen, und meine
Mutter nahm ein Engagement beim Fronttheater »Rosen aus
Tirol« an. Als mein Vater Urlaub bekam, war meine Mutter in
Norwegen. Beide sollten sich nie wiedersehen. Vier Wochen nach
meiner Geburt im Juli fiel mein Vater in Russland.
     Vor ein paar Wochen habe ich den Dachboden unserer Ferien-
wohnung aufgeräumt. Dabei ist mir ein Stapel Briefe von meiner
Mutter an meinen Vater und von meinem Vater an meine Mutter
in die Hände gekommen. Die Briefe sind alle aus dem Jahr 1941.
Außerdem war ein Brief an meine Großmutter dabei, in dem ihr
mitgeteilt wurde, dass ihr Sohn Fritz für das Großdeutsche Reich
gefallen ist. Mir ist beim Lesen angst und bang geworden, dass
auch heute wieder junge Männer für einen sinnlosen Wahnsinn
geopfert werden!

Meine Mutter wurde im Krieg bei dem Bombenangriff auf die MAN-Werke in Augsburg verschüttet. Seitdem leidet sie an Panikattacken, wenn sie im Fahrstuhl fährt und wenn sie bei Dunkelheit alleine ist. Heike Groos konnte ich das sagen, sie hat es verstanden. Alle anderen sagen, das ist doch längst vorbei, es muss doch einmal Schluss sein.

Ich wünsche unseren deutschen Soldaten eine glückliche Heimkehr aus den kriegerischen Auseinandersetzungen und eine friedliche Zukunft.

Splitter

Ich weiß nicht, ob es besser wird, wenn es anders wird.
Aber es muss anders werden, wenn es besser werden soll.
Georg Christoph Lichtenberg

Jan Hackstein
Der verantwortungsbewusste Soldat

[Jan Hackstein, 35, Korvettenkapitän, Einsätze Adria 1995,
Horn von Afrika 2002 und 2004, Mittelmeer 2005 (OAE)
und 2006 (UNIFIL)]

In Offizierskreisen könnte man sagen, dass ich es geschafft habe:
Ich habe den Grundstein für eine ordentliche Karriere bei der
Bundeswehr gelegt. Ich bin nach einem bestandenen Studium relativ unbeschadet durch meine ersten Offiziersverwendungen gekommen, habe an insgesamt fünf Auslandseinsätzen teilgenom-
men und bin dabei anscheinend nicht zu vielen Vorgesetzten auf
die Füße getreten, denn ich schließe derzeit die Ausbildung zum
Offizier im Generalstabs-/Admiralstabsdienst an der Führungs-
akademie der Bundeswehr in Hamburg ab. Also eigentlich kein
Grund, unzufrieden zu sein. Wenn ich jetzt auch noch in Zukunft
ordentlich »diene« und keine silbernen Löffel klaue, steht einem
angemessenen Dienstgrad bei der Pensionierung nichts im Wege.
Und um es gleich vorwegzunehmen: Nein, unzufrieden bin ich
wirklich nicht! Aber ich merke sehr wohl, dass da noch einiges
an Verantwortung und Herausforderung vor mir liegt, und ich
mache mir doch einige Gedanken. Gedanken über das, was derzeit in und mit der Bundeswehr passiert. Ich will versuchen, dies
auf meine zukünftigen Verwendungen zu projizieren.

Während ich dies hier schreibe, sind zwei gute Kameradinnen
von mir als Ärztinnen in Afghanistan, eine in Kunduz und eine
in Feyzabad. Ich bin oft in Gedanken bei ihnen und hoffe sehr,
sie bald wieder gesund an Körper, Geist und Seele in der Heimat
begrüßen zu können. Die Dominanz des Afghanistaneinsatzes im
Alltag der Bundeswehr, vor allem aber auch in der Wahrnehmung
durch die Öffentlichkeit, ist meines Erachtens von Jahr zu Jahr

gestiegen. Zum einen ist das gut und wichtig so, zum anderen verschließen wir aber leider dabei die Augen für die anderen Einsätze und – dies finde ich noch schlimmer – für mögliche zukünftige Einsätze, für die Zeit »nach Afghanistan«. Immerhin hat dieser Einsatz – wir sind dort mittlerweile länger, als der Zweite Weltkrieg gedauert hat – einiges an Entwicklung hervorgerufen, was so vorher noch undenkbar war und was wahrscheinlich ohne unser Engagement am Hindukusch erst deutlich später passiert wäre. So reden wir nun endlich in diesem speziellen Fall davon, dass wir uns in einem bewaffneten Konflikt befinden – das böse »K-Wort« Krieg geht hingegen den meisten immer noch nicht über die Lippen. Das macht zwar die Sache dort auch nicht besser, es ist aber zumindest ehrlicher. Ich erachte dies als sehr wichtig. Gerade für die, die dort unten fallen oder verwundet werden, aber auch einfach nur für die Soldaten, die dort ihren Dienst leisten.

Ach ja: Das Wort »Gefallene« hat durch den Einsatz auch wieder Einzug in den militärischen Sprachgebrauch gefunden. Auch hier gilt das zuvor Gesagte. Weiterhin haben wir mittlerweile eine Tapferkeitsmedaille und zeichnen unsere Soldaten damit aus. Ein Ehrenmal der Bundeswehr gibt es auch, und neben der ganzen Diskussion über Standort und Aussehen hat eigentlich keiner so richtig dessen Notwendigkeit bestritten. Und schließlich ist der Einsatz in der Öffentlichkeit präsent, auch wenn das »wohlwollende Desinteresse« gegenüber der Bundeswehr, welches der Bundespräsident vor einigen Jahren zu Recht konstatierte, immer noch stark ausgeprägt ist. Doch bevor wir das Verhalten der Öffentlichkeit kritisieren, sollte man zunächst eine Bundeswehr-interne Nabelschau betreiben; man wird dabei genug Unzulänglichkeiten finden.

In diesem Zusammenhang fallen mir wieder die vielen leeren Worte von Offizieren ein, die von ihren Soldaten mehr Engagement und Härte in den Einsätzen fordern und proklamieren, es müsse mehr »vom Einsatz her gedacht werden«, deren eigene Auszeichnung an ihrer Brust aber nur das Sportabzeichen in

Bronze ist! Ich ertappe mich selber immer wieder dabei, dass ich Vorgesetzten auf die Bandschnallen an ihrem Dienstanzug gucke und nachschaue, ob ich dort eine Einsatzmedaille entdecke. Eigentlich mag ich diese Einteilung in »Einsatzsoldat – Nicht-Einsatzsoldat« nicht, auf der anderen Seite ist es für mich eine Selbstverständlichkeit, dass diejenigen, die über Leben und Tod entscheiden müssen, auch wissen sollen, wie es sich anfühlt, derartige Befehle ausführen zu müssen. Gleichzeitig erschrecke ich dann aber wieder über mich, denn ich hatte bisher das Glück, keine so weitreichende Entscheidung treffen zu müssen, weiß es also auch nach den besagten fünf Einsätzen noch nicht. Ist das nun Glück für mich oder – gemessen an meinem eigenen Maßstab – mangelnde Erfahrung?

Alt-Kanzler Helmut Schmidt soll sich diesbezüglich so geäußert haben: Eines der entscheidenden Probleme sei es, dass diejenigen, die über Leben und Tod entscheiden müssen, selbst nicht wissen, was Krieg ist, da sie es nie selber erlebt haben. Auch wenn dies mehr in Richtung der Parlamentarier gerichtet war, beschreibt es das Problem sehr treffend, auch für die (höheren) Vorgesetzten.

Mag sein, dass es mittlerweile in den Einsätzen etwas besser geworden ist, es ist aber schlimm genug, wenn die Bürokratie und – vor allem – der mangelnde gesunde Menschenverstand sowie ein Beharren auf zum Teil sehr alten Regelungen aus der Zeit der »Bundeswehr 1.0« – also eine Bundeswehr in Erwartung der Heimatverteidigung und nicht die »Bundeswehr 2.0«, also eine Bundeswehr im (Kampf-)Einsatz – immer noch unser Tun in den Einsätzen beeinflussen. Da mag man ja über die Ermahnung des Einsatzführungskommandos an die Kontingentführung in den ersten Wochen des OEF-Einsatzes der Marine in 2002 noch schmunzeln, als das Fehlen eines Mülltrennungs-Konzeptes für den Abstützhafen Djibouti moniert oder die Stilllegung von Fahrzeugen im Einsatz wegen fehlender Abgasuntersuchungen erwogen wurde – aber eigentlich ist es traurig und unverständlich. Wenn sich aber derartige oder ähnliche Vorgänge im Jahr acht des Afghanistan- oder OEF-Einsatzes so oder so ähnlich wiederholen, dann verliert man den Glauben an seine Führung. Nur: Diese Führung, an die man seinen Glauben verliert, bin in wenigen Jahren auch ich. Was kann und muss ich also tun, dass ich nicht zu so einem Offizier »mutiere«, den ich wenige Jahre zuvor noch kritisiert habe?

Welche Gefahren sehe ich denn, was ist es im Kern, was ich möglicherweise an meinen (lebens- und) dienstgradälteren Kameraden vermisse beziehungsweise kritisiere? Wenn ich es mir recht überlege, lässt es sich auf drei Punkte reduzieren, die miteinander verwoben sind und deren Abgrenzung schwierig ist: »Militärische Notwendigkeiten und Vorwegnahme des politisch Gewollten«, »eine klare Sprache« auch für unangenehme Themen sowie »die fehlende Präsenz in der öffentlichen Diskussion«. Wenn ich dies hier mit leichtem Federstrich zu skizzieren versuche, setze ich auch zugleich den (hohen) Maßstab für mein zukünftiges Handeln.

Militärisch notwendig – und auch politisch gewollt?

Als Militär rühmt man sich gerne, strategisch zu denken, generalstabsmäßig zu planen oder zumindest operativen Weitblick zu haben. Wenn dies so ist, ist es allerdings auch wichtig, das militärisch Notwendige klar zu definieren, es militärisch knapp, präzise und begründet auf den Punkt zu bringen. Ich meine nicht die wünschenswerte »Goldrandlösung« (die meistens an den prohibitiv hohen Kosten scheitert), aber eben auch nicht das, von dem man zu wissen glaubt, dass es zwar politisch (gerade noch) vertretbar ist, aber den eigentlichen militärischen Anforderungen nicht genügt. Mir als Militär wird militärischer Sachverstand abverlangt, und diesen sollte ich auch formulieren – nicht mehr, aber auch nicht weniger. Das gilt für alle Bereiche. Von der möglichen Beschaffung von Rüstungsgütern über die Gestaltung von Mandaten für Auslandseinsätze bis hin zur Beratung über eine mögliche (militärische) Intervention bei sich entwickelnden Krisen.

Ich erwische mich immer wieder selber dabei, wenn ich im Gespräch mit Kameraden oder Freunden militärische Sachverhalte oder Bedürfnisse mit Sätzen wie »Aber das ist politisch nicht durchsetzbar« oder »Das funktioniert so vielleicht im Ausland, aber nicht hier in Deutschland« relativiere. Warum? Will die Öffentlichkeit oder wollen die politischen Entscheidungsträger denn nur das Leichtverdauliche, die Vorwegnahme dessen, was einem genehm und moderat erscheint? Ich glaube, dass es wichtig ist, unsere begründeten Bedürfnisse ohne die Vorwegnahme von möglichen (politischen) Einschränkungen zu kommunizieren. Und ich glaube auch, dass man diesen militärischen Sachverstand anerkennen wird. Ob er dann letztlich auch so politisch umgesetzt werden kann, ist etwas anderes. Wir als Militär haben die Beratung zu liefern, die Entscheidung treffen andere – aber eben auf Basis einer möglichst fundierten und realistischen Beratung.

»Führung hängt von der Fähigkeit ab, den eigenen Gedanken, den Willen und das Ziel aus dem eigenen Kopf in den anderer zu transportieren und die Gedanken, Motive und das Feedback von anderen wahrzunehmen. Kommunikation ist keine Einbahnstraße.« So formulierte der ehemalige Admiral Dieter Wellershoff in seinem Buch »Führen« seine Anforderungen an die Fähigkeit, sich mitzuteilen. Aufbauend auf dem vorangegangenen Punkt sehe ich die Gefahr, dass wir im Militär dazu neigen, Dinge möglichst unmilitärisch, möglichst »zivil« und unblutig zu beschreiben. So gibt es beispielsweise zur Zeit eine Diskussion innerhalb der Bundeswehr darüber, ob man den englischsprachigen Begriff »COIN« (Counterinsurgency) denn in die korrekte deutsche Bezeichnung »Aufstandsbekämpfung« übersetzen darf oder ob diese Bezeichnung – nicht zuletzt aufgrund unseres historischen Erbes – nicht verworfen werden sollte. Die umfassende und präzise deutsche Formulierung dessen, was sich genau hinter COIN verbirgt, geht über mehrere Zeilen. Das ist vielleicht rechtlich wasserdicht, es kann sich aber kaum jemand noch etwas darunter vorstellen. Ein einzelner Begriff ist sicherlich nicht so ausgewogen und umfasst garantiert nicht alle Einzelmaßnahmen, den diese Maßnahme umfasst, aber: Er ist prägnant, und man kann ihn sich merken. »Say what you mean – Sag was du meinst!«, ermahnen uns gerne unsere Ausbilder, zu Recht. Was nützt mir meine blumige, gedrechselte und politisch korrekte Ansprache, wenn mich meine Untergebenen nicht oder, noch viel schlimmer, gar falsch verstehen?

Eine klare Sprache

Sicherheits- und Verteidigungspolitik gehören sicherlich nicht zu den beliebtesten und häufigsten Themen in der öffentlichen Diskussion, dies ist nun mal Fakt in Deutschland. Ich frage mich aber schon, warum in den wenigen Diskussionen so selten (immer seltener?) Militärs zu sehen sind. Da wird über uns, unsere Einsätze und unsere Männer und Frauen diskutiert. Natürlich haben wir als Soldaten in der Öffentlichkeit Zurückhaltung zu wahren, keine Frage, aber warum sollten wir denn nicht unseren Sachverstand angemessen darlegen? Ich hätte es mir sehr gewünscht, dass in den vergangenen und zum Teil noch laufenden Diskussionen zum Thema Afghanistaneinsatz oder Pirateriebekämpfung ein aktiver General oder Admiral inhaltlich Stellung genommen hätte. Sei es in einer der vielen Talkshows oder in den täglichen Nachrichtensendungen. Aber nichts dergleichen geschah – die militärische Führung (nochmals: zu der auch ich zähle) ging auf Tauchstation; außer den offiziellen (Presse-)Sprechern, einigen Vertretern des Deutschen Bundeswehr-Verbandes (unserer »Gewerkschaft«) oder den Angehörigen des Lodenmantelgeschwaders, also einem pensionierten General oder Admiral, war da kaum ein »aktiver« Vorgesetzter präsent.

Es liegt auf der Hand: Wer sich zeigt und noch dazu Stellung bezieht, macht sich angreifbar und sieht sich mitunter auch unangenehmen Fragen und Anschuldigungen ausgesetzt. Und wer angegriffen wird, kann auch schnell getroffen werden oder gar darüber »fallen«. Wer setzt sich oder seine Karriere schon gerne der Gefahr aus, beschädigt zu werden, nur um »der Wahrheit« willen? Die wenigen, dafür aber überzeugenden Beispiele gerade auch in hohen militärischen Rängen geben mir Mut, dass man es doch wagen kann, genauer gesagt: wagen muss! Denn wenn meine Kameraden in den Auslandseinsätzen ihren Kopf für unseren Staat und seine Interessen hinhalten, haben sie wohl auch einen Anspruch darauf, von ihren Vorgesetzten »an der Heimatfront« verteidigt zu werden – auch auf die Gefahr hin, dass es an dieser Front Verluste gibt. »Wirkung vor Deckung« heißt ein militärischer Grundsatz, den man auch in diesem Zusammenhang gut anwenden kann.

Alles in allem ist dies ein hoher Maßstab, den ich da erstellt habe. Leicht zu sagen – schwer zu erfüllen, insbesondere wenn man sich noch bequem in der Ausbildung und nicht in der Verantwortung befindet. Aber habe ich nicht geschworen, »tapfer« zu sein? Ist es nicht meine ureigenste Aufgabe als Soldat und Vorgesetzter, mit gutem Beispiel voranzugehen? Dass ich mir meiner Verantwortung für mein Handeln und für meine anvertrauten Frauen und Männer bewusst bin und entsprechend verantwortungsbewusst handle?

Wo liegt also das Problem? Es ist die Befürchtung, dass diese klare und soldatische Einstellung auf dem »Altar« der Karrieremöglichkeiten und des Anpassens geopfert wird. Mein persönlicher Anspruch und meine Handlungsabsicht sind klar, und ich hoffe sehr, dass sie auch noch in Jahren so sind, unverändert, und nicht in den Mühlen und Treträdern von Ministerium, Truppenverwendungen und Ämtern rundgeschliffen und stromlinienförmig angepasst werden.

Vielleicht ist diese Befürchtung für jemanden außerhalb des »Systems Bundeswehr« nicht einfach nachvollziehbar. Nach einigen Jahren im Militär habe ich aber einige Fälle bewusst miterlebt, in denen es zu einer derartigen Wandlung kam. Ich arbeite an mir und hoffe, dass sich dies bei mir nicht wiederholt. So dass ich jeden Morgen ohne Probleme in den Spiegel schauen kann und meinen gesunden Menschenverstand nicht verliere. Dass ich nichts befehle oder meinen Untergebenen abverlange, was ich nicht selber zu tun bereit wäre.

Vielleicht hilft es mir ja dann, in meine Einsatztagebücher zu schauen, die ich während der meisten meiner Einsätze geschrieben habe (und auch zukünftig schreiben will), wo ich sehr deutlich für mich festgehalten habe, wie ich mich in welcher Situation gefühlt habe und was ich damals an meinen Vorgesetzten vermisst habe. Ich hoffe sehr, dass dieser Blick »in den eigenen Spiegel« dann nicht schmerzt!

Splitter

In Sachen des Gewissens ist die Mehrheit nicht zuständig.
Mahatma Gandhi

Christian Neumann
Bewaffneter Konflikt und
humanitärer Auftrag

[Christian Neumann, 30, Oberfähnrich, KFOR Prizren 2000, Mazar-e Sharif 2007/08]

Als Soldat im elften Dienstjahr mit Erfahrungen aus einem KFOR- und einem ISAF-Einsatz mit der Bundeswehr und als politisch interessierter Staatsbürger mit Draht zur Friedensbewegung möchte ich mich an dieser Stelle äußern. Ich schreibe ganz offen unter meinem Namen, denn der ehemalige Generalinspekteur der Bundeswehr, General Wolfgang Schneiderhan, sagte im Februar 2009 in der Friedrich-Ebert-Stiftung in Bonn zu mir, dass er und das Bundesministerium der Verteidigung zu anonymen Aussagen keine Stellung nähmen: »Das nehmen wir nicht ernst.« Ich hingegen möchte ernst genommen werden, wenn ich meine rein persönliche Meinung zum Krieg in Afghanistan äußere.

Mit der Überzeugung, dass es uns hier außergewöhnlich gut geht, nach allem, was ich da unten gesehen, gehört und erlebt hatte, kehrte ich nach Deutschland zurück. In den ersten Wochen lebte ich auf einmal viel bewusster. Ich spendete Geld für private Initiativen, die den afghanischen Menschen wirklich helfen, und wenn es nur für ein einziges Dorf ist. Eine Bekannte sagte nach meiner Heimkehr zu mir: »Du bist aber ernst geworden. Wo ist denn deine Lebensfreude geblieben?« Ich muss vielleicht noch einiges an mir selbst verbessern, um mir das alles nicht so anmerken zu lassen.

Unweit meiner damaligen Wohnung befindet sich ein italienisches Restaurant. Nach dem Dienst ging ich regelmäßig zum Abendessen dort hin. Ich genoss Cappuccinos und las Bücher über Afghanistan. Viele Einsatzrückkehrer greifen zu entsprechender Literatur, nachdem sie sich in das Land verliebt haben. Mit Hilfe der Atmosphäre in dem Restaurant fiel es mir leichter, gedanklich in die Kultur Afghanistans, von der ich während des Einsatzes rein gar nichts zu spüren bekommen habe, einzusteigen.

Erst mehrere Wochen nach Rückkehr offenbarte mir meine Großmutter das Leiden meiner Mutter während meiner Afghanistanzeit. Die Ungewissheit, was mit ihrem einzigen Sohn passieren könnte, machte ihr schwer zu schaffen. Meine Mutter war deswegen sogar einige Tage arbeitsunfähig. Ihre Hausärztin verabreichte ihr eine 10-fache Vitamin-B-Spritzentherapie. Die Kosten durfte meine Mutter selbst bezahlen, die Krankenkasse hat nichts davon übernommen. Sie und meine Großeltern waren psychisch deutlich mehr belastet als ich im Einsatz.

Meine Großeltern haben den Zweiten Weltkrieg am eigenen Leib erlebt. Meine 81-jährige Oma wurde aus Schlesien, meine andere Oma aus Danzig, mein Opa aus Vorpommern vertrieben. Der Opa überlebte eine sibirische Gefangenschaft, von der er mir berichtete, er starb kürzlich im Alter von einundachtzig Jahren. Was die Familien der Soldatinnen und Soldaten in den Krisengebieten von heute mit zunehmendem Risiko für Leib und Leben und immer weniger erkennbarem humanitären Hintergrund verkraften müssen, schultert unsere Gesellschaft völlig lautlos. Die einzigen Tränen, die öffentlich geweint werden durften, waren anlässlich der bisherigen sechs öffentlichen Trauerfeiern für Bundeswehrangehörige, die in Afghanistan ermordet worden sind, sowie zur Einweihung des Ehrenmals in der Nähe des Bendler-Blocks in Berlin am 8. September 2009.

Nach meinem Einsatz drehte sich ab Sommer 2009 die Lage in Afghanistan deutlich. Die Aufständischen änderten ihre Taktik. »Standardmilitär kann einen Guerillakrieg nicht kontrollieren«, schrieb Peter Scholl-Latour, dessen Werke bei meinem militärischen Vorgesetzten im Dienstzimmer das Regal zieren. Die Bundeswehr sicherte sich fast ausschließlich nur noch selbst. Weitere, auch deutsche Soldaten wurden ermordet. Seit Sommer 2009 beteiligen sich Teile der Bundeswehr unter dem Schutze der geänderten Taschenkarte »Regeln für die Anwendung militärischer Gewalt für ISAF« (Druckschrift Einsatz Nr. 23) an Offensiven und töteten ihrerseits Personen, die feindseliges Verhalten zeigten. Das hat mit einem humanitären Auftrag gar nichts mehr zu tun und zog die Bundeswehr in einen bewaffneten Konflikt, gar zwischen die Fronten eines Krieges.

Obwohl persönlich nicht betroffen, quälte mich eine Ohnmacht, der ich entgegenzuwirken versuchte. So ergriff ich zum Beispiel auf Einladung der Iraq Veterans Against The War (IVAW) am 14. März 2009 in Freiburg/Breisgau zusammen mit ehemaligen, größtenteils unter Posttraumatischen Belastungsstörungen leidenden US-amerikanischen und britischen Soldaten die Möglichkeit, mit der Bevölkerung in Kontakt zu treten. Bei einer internationalen Podiumsdiskussion wurden durch Augenzeugenberichte die Vorgänge im Irak, Afghanistan, Kosovo, Abu Ghraib und Guantánamo geschildert.

Später habe ich dann erfahren, dass bereits am 16. März 2009 ein Video der IVAW-Veranstaltung im Bundesverteidigungsministerium ausgewertet und dem später wegen der Bomben vom 4. September 2009 bei Kunduz entlassenen Staatssekretär Wichert vorgelegt wurde. Es dauerte knapp vier Wochen, bis mich zwei Mitarbeiter vom Militärischen Abschirmdienst (MAD) zu einem Gespräch baten. Weil ich mir nichts vorzuwerfen hatte, erklärte ich mich zu diesem Gespräch bereit. Ich habe es freiwillig geführt. Allerdings gab es keine Vorbereitungszeit, auch wurde mir untersagt mitzuschreiben. Ich erhielt die Anweisung, mein Mobiltelefon auszuschalten. Die beiden Herren in Zivil nannten auch auf Nachfrage ihre Namen nicht, mit der Begründung, sie hätten Angst vor Übergriffen auf ihr Privatleben. Ich wusste also gar nicht, mit wem ich spreche. Die beiden Männer belogen mich in diesem Zusammenhang sogar, denn sie sagten mir, sie hätten sich gegenüber meinem militärischen Vorgesetzten ausgewiesen.

Tage später fragte ich nach, mein Vorgesetzter hatte nie einen Ausweis gesehen.

Schnell stellte sich heraus, dass die Herren kaum etwas über die Freiburger Veranstaltung wissen wollten. Es interessierte sie lediglich, wer mich eingeladen hatte, wie meine Beziehung zu Deserteuren sei (Stichwort: Angsthasen, Drückeberger, Eidbrecher) und welche Motivation mich trieb. Die Herren gingen dem Verdacht nach, ich wäre in linksradikalen Kreisen aktiv, was in keiner Weise stimmt. Sie konfrontierten mich mit der für mich bis dahin völlig unbekannten Organisation Vereinigung der Verfolgten des Naziregimes – Bund der Antifaschistinnen und Antifaschisten (VVN-BdA), die eine von vielen Unterstützern der Freiburger Veranstaltung war, wie sich herausstellte. Da ich mir nichts vorzuwerfen hatte, war ich sehr gesprächig. Der Protokollant füllte mehr als vier Seiten mit meinen Antworten. Dann interessierten sie sich für meine konkrete Bereitschaft, wieder in den militärischen Auslandseinsatz zu gehen. »Jetzt nach Afghanistan«, hieß es, obwohl ich mich doch gerade am Anfang eines zweijährigen Lehrgangs befand.

Für mich ist Deutschland mein Land, ein Land, in dem ich mich gerade als Staatsbürger in Uniform dafür entschieden habe, Öffentlichkeitsarbeit zu betreiben und im zulässigen Rahmen meine Meinung zu äußern. Ich fühle mich dem Grundgesetz und der darin formulierten Friedenswahrungspflicht verpflichtet. Das Parlamentsbeteiligungsgesetz, welches die Bundeswehr erst zu einer Parlamentsarmee macht, ist keine schlechte Ausgangslage, geht mir persönlich jedoch nicht weit genug, wenn es um die Frage der Kontrolle durch die Bevölkerung über ihre Streitkräfte geht. Die EU-Reformverträge sehe ich kritisch, sie schaffen kein europäisches Volk.

Über meine Einsätze habe ich viele Dinge in einem persönlichen Einsatztagebuch festgehalten. In den ersten Wochen meines Dienstes in Mazar-e Sharif wurde ich von einem äußerst kompetenten und engagierten Stabsoffizier geführt. Dieser Mann, nur wenig älter als ich, schlug sich lange Nächte mit mir um die Ohren, um mir seine Erkenntnisse über Land und Leute, Drogenschmuggel und die Strukturen Afghanistans zu vermitteln. Bei keiner Ausbildung zur Vorbereitung auf den Einsatz wurden mir jemals zuvor so viele wichtige Dinge nahegebracht. Er etablierte ein Zeitmanagement und organisierte das Arbeitsaufkommen, indem er vieles zur Chefsache erklärte. Kurz, unter seiner Führung lief alles sehr gut.

Sein Nachfolger, ebenfalls Stabsoffizier, hinterließ ein völlig anderes Bild. Zum einen wurde er mehr oder weniger in diesen Einsatz gezwungen, und die geringe Motivation ließ er seine Techniker auch spüren. Die Bundeswehr wird in Afghanistan kaum etwas positiv verändern können, wenn mit jeder Person die Projektstrukturen wieder neu aufgebaut werden. Das System des Kommens und Gehens auf vielen Dienstposten während der zurückliegenden acht Jahre hat unsere Position in diesem Land geschwächt. Zu wem sollen die Afghanen denn ein Vertrauensverhältnis aufbauen?

Vieles geht auch ohne Militär

In meiner Uniform mit Pistole am Halfter schritt ich durchs Lager, als wäre ich unbesiegbar. Was soll das, fragte ich mich selbst und versuchte, mit den Afghanen, die im Lager zum Reinigungsdienst angeheuert waren, ins Gespräch zu kommen. Das war auf der einen Seite einfach, weil wir im Wechsel die einheimischen Reinigungskolonnen beaufsichtigen mussten, und auf der anderen Seite schwierig, weil ich des Dari oder des Farsi nicht mächtig war. Hocherfreut über einen zumindest gebrochen Englisch sprechenden jungen Tadschiken, suchte ich zu ihm Kontakt. Der kleine Kerl führte ein Vokabelheft mit sich, und ich erfuhr, er lernte Englisch, weil er ins europäische Ausland wollte, um »für meine Familie etwas mehr Wohlstand zu erzielen«. Er bot mir an, mich in seiner Muttersprache zu unterrichten, damit ich besser in Afghanistan zurechtkommen würde. Wenn er gewusst hätte, dass ich niemals einen Fuß außerhalb des Lagers setzen sollte …

Bundeswehrkameraden vom Militärischen Nachrichtendienst verdrehten ihre Augen, als sie von meinem Gespräch mit dem Tadschiken erfuhren. Es scheint von einigen nicht gewollt, dass einfache Gespräche mit den Afghanen geführt werden.

Manch andere Einheimische im Reinigungsdienst blickten m. E. ausgesprochen finster drein. Wenn uns die sprachliche Grundlage und die Aufmerksamkeit für ihre kulturellen Besonderheiten fehlen, mag es ihnen uns gegenüber freilich genauso gehen. Sie verstanden meine Kontaktversuche nicht, und ich die ihren nicht. Schade!

Mit einigen Soldaten, die regelmäßig das Lager verließen, arbeitete ich enger zusammen. Sie lieferten mir zahlreiche Informationen, und ich gab ihnen hoffentlich nutzbares Material für ihre Aufträge. Die Erzählungen von ihren Eindrücken von dem Land fesselten mich sehr. An den total verschwitzten und ausgepowerten Gesichtern der Kameraden im Außendienst erkannte ich die Anstrengungen, die unter der schweren persönlichen Schutzausrüstung und in kaum bis gar nicht klimatisierten Militärfahrzeugen zu erbringen waren.

Bei ihrem Anblick kreisten meine Gedanken um den ehemaligen Oberstarzt Dr. med. Reinhard Erös, der sich mit seiner Familie seit Mitte der 1980er Jahre im Grenzgebiet zu Pakistan, in Peschawar, aufhielt und heute die »Kinderhilfe Afghanistan« im Osten und Südosten des Landes betreibt. Er macht uns allen vor, wie es laufen kann.

Matthew P. Hoh
US-Diplomat kündigt
»Ich habe kein Verständnis mehr«

10. September 2009

Sehr geehrte Frau Botschafterin,

mit großem Bedauern quittiere ich hiermit den diplomatischen Dienst und trete von meiner Stellung als Vertreter
des Außenministeriums in der Provinz Zabul zurück. Von
meinen letzten zehn Dienstjahren habe ich sechs Jahre im
Ausland verbracht; darunter waren Einsätze als Offizier
des US-Marine Corps sowie als Angestellter des Verteidi-
gungsministeriums im Irak in den Jahren 2004–2005 und
2006–2007. Beim Antritt meiner gegenwärtigen Stellung
war ich mir über die Schwierigkeiten bewusst und machte
mir auch keinerlei Illusionen darüber, dass es wohl eine
Zeit der Mühen, Aufopferung und Enttäuschungen werden
würde.

Aber nach fünf Monaten Dienst sowohl im Osten als
auch im Süden des Landes ist mir das Verständnis für den
strategischen Nutzen von amerikanischer Truppenpräsenz
in Afghanistan abhanden gekommen. Ich habe ernsthafte
Zweifel an unserer derzeitigen Strategie und an dem für die
Zukunft geplanten Vorgehen. Der Grund für meinen Rück-
tritt liegt jedoch nicht darin, wie dieser Krieg geführt wird,
sondern vielmehr darin, dass mir nicht klar ist, warum
er geführt wird und zu welchem Nutzen. Einfacher ausgedrückt: Ich sehe keinen Sinn darin, weiter amerikanische

Verluste hinzunehmen und Ressourcen zu vergeuden, um die afghanische Regierung bei einem Konflikt zu unterstützen, der im Grunde ein seit 35 Jahren andauernder Bürgerkrieg ist.

Wir sind jetzt seit acht Jahren in Afghanistan und versuchen Einfluss zu nehmen auf die Regierung und die Entwicklung des Landes. Im nächsten Herbst werden wir als Besatzungsmacht ebenso lange dort gewesen sein wie die Sowjetunion. Und genau wie die Sowjets unterstützen wir weiterhin einen erfolglosen Staat, eine Ideologie und ein Regierungssystem, die vom Volk nicht gewollt werden.

Wenn man die Geschichte Afghanistans als Theaterstück betrachtet, spielen die USA höchstens eine kleine Nebenrolle. Eine Rolle (die zuvor von vielen anderen besetzt war) in einer Tragödie, in der nicht nur Stämme, Dörfer, Clans und Familien gegeneinander aufgehetzt werden, sondern auch, spätestens seit dem Ende der Herrschaft von König Mohammed Sahir, ein äußerst gewaltsamer Konflikt geschürt wurde zwischen den städtischen, säkularen, gebildeten und modern eingestellten Afghanen einerseits und den ländlichen, religiösen, ungebildeten und traditionsbewussten Bevölkerungsteilen andererseits. Letztere Gruppe ist es vor allem, aus der sich die paschtunischen Aufständischen zusammensetzen.

Die Paschtunen-Rebellion, die ihre Kämpfer aus den vielen verschiedenen lokalen Gruppen bezieht, richtet sich gegen die andauernde Gewaltherrschaft, die dem paschtunischen Volk, seinem Land, seiner Kultur und Religion sowohl von inneren wie auch von äußeren Feinden schon seit Jahrhunderten aufgezwungen wird. In den paschtunischen Gebieten stellt die Anwesenheit von US- und Nato-Truppen und von afghanischen Militär- und Polizeieinheiten, deren

Soldaten und Beamten nicht paschtunischer Herkunft sind, eine Besatzungsmacht dar, gegen die ein Aufstand gerechtfertigt ist. Bei meinen Einsätzen sowohl im Osten als auch im Süden des Landes fiel mir auf, dass der Großteil der Aufständischen nicht für die Taliban kämpft, sondern gegen die Anwesenheit von ausländischen Soldaten und gegen die Steuern, die ihnen von einer für sie nicht repräsentativen Regierung in Kabul auferlegt werden.

Die Präsenz von US-Truppen in Afghanistan trägt maßgeblich zur Legitimation des Paschtunen-Aufstandes bei. Genauso wie unsere Unterstützung der bestehenden afghanischen Regierung weiterhin zur Entfremdung des Volkes von einer solchen Regierung beiträgt. Die Mängel dieser Regierung sind – insbesondere, wenn man den Verlust von amerikanischen Leben und Dollars berücksichtigt – zahlreich: Korruption und unverhohlene Bestechung; ein Präsident, dessen engste Mitarbeiter und Berater aus Drogenbaronen und Kriegsverbrechern bestehen, die unsere Rechtsstaatlichkeit und unsere Anti-Drogen-Aktionen verhöhnen; ein regionales Führungssystem, in dem lokale Machthaber und Opportunisten regieren, die sich mit den USA nur verbunden haben, um von unseren Entwicklungsprojekten zu profitieren, und deren eigene politische und wirtschaftliche Interessen einer Konfliktlösung diametral entgegenstehen; die jüngste Wahl, die durch Betrug und niedrige Wahlbeteiligung zur Farce wurde, war für unsere Feinde ein voller Erfolg und soll jetzt zu einem Volksboykott ausgeweitet werden, was weltweit unseren militärischen, wirtschaftlichen und diplomatischen Einsatz für eine unfähige und unrechtmäßige afghanische Regierung in Frage stellen wird.

Unser Einsatz erinnert mich an Süd-Vietnam

Unsere Unterstützung dieser Regierung in Verbindung mit dem Unverständnis für den Aufstand und dessen Beweggründe, erinnert mich leider an unsere Intervention in Süd-Vietnam: eine unbeliebte und korrupte Regierung, die wir auf Kosten des inneren Friedens unseres eigenen Landes unterstützten gegen Aufständische, deren nationalistische Gesinnung wir in unserer Arroganz und Unwissenheit als eine Gefahr für unsere Ideologie des Kalten Krieges ansahen.

Es gibt meiner Ansicht nach keinen triftigen Grund, unsere jungen Männer und Frauen in Afghanistan ihr Leben riskieren zu lassen. Wenn es in Afghanistan tatsächlich darum ginge, Al-Qaida zu zerschlagen, dann müssten wir konsequenterweise auch in West-Pakistan einmarschieren sowie in Somalia, Sudan, Jemen etc. Unsere Anwesenheit in Afghanistan hat aber stattdessen zur Destabilisierung und Rebellion in Pakistan geführt, wo wir ernsthaft fürchten müssen, dass eine geschwächte oder sogar gestürzte Regierung die Kontrolle über ihre Atomwaffen verliert. Wenn es uns also wirklich um Al-Qaida ginge, müssten wir Pakistan besetzen und nicht Afghanistan.

Hinzu kommt, dass die Angriffe vom 11. September und auch die Bombenattentate in London und Madrid hauptsächlich in Westeuropa geplant und organisiert wurden. Diese Tatsache macht deutlich, dass die Bedrohung nicht auf traditionelle Weise geographisch oder politisch eingegrenzt ist. Und wenn es uns wirklich um die Rettung eines Landes geht, in dem Korruption und Armut herrschen, weil Verbrecherbanden und Drogenbarone sich breitgemacht haben, dann sollten wir vielleicht auch einen Einsatz in Mexiko in Erwägung ziehen.

Wir führen seit acht Jahren Krieg, und wir haben eine Armee, die weltweit ihresgleichen sucht, was Ausbildung, Erfahrung und Disziplin angeht. Aber der Einsatz in Afghanistan gestaltet sich als ein unendlich komplexes, undurchsichtiges und frustrierendes Unterfangen. Die taktischen und kämpferischen Fähigkeiten unserer Soldaten, Matrosen, Flieger und Marines stehen dabei außer Frage. Dennoch handelt es sich hierbei nicht um die Schlachtfelder des Zweiten Weltkrieges, sondern um ein Kriegsgeschehen, für das unsere Kämpfer und Kämpferinnen von den uniformierten, zivilen und politischen Führern unseres Landes nicht hinreichend vorbereitet und ausgerüstet wurden.

Unsere treu ergebene Armee wurde auf unbestimmte Zeit und ohne rechte Planung in einen Konflikt geschickt, der inzwischen zu einer nur noch politisch nützlichen, aber ansonsten gescheiterten und überaus unglückseligen Unternehmung geworden ist. Desgleichen sind sowohl fähige zivile Mitarbeiter der Regierung als auch private Personen und Firmen involviert, die an die Mission glauben und dafür bereitwillig Opfer bringen, die aber unzureichend vorbereitet wurden und deren Einsatz eher durch das politische Klima in Washington motiviert und gelenkt ist als durch die tatsächliche Lage in den Städten, Dörfern, Bergen und Tälern Afghanistans.

Wir werfen unser Geld zum Fenster raus
»Wir werfen das Geld zum Fenster hinaus.« Das sagt einer unserer fähigsten und intelligentesten Kommandanten den Besucherdelegationen und hohen Amtsträgern. Wir verpfänden unsere Wirtschaftsleistung für einen Krieg, der selbst bei verstärktem Einsatz auf Jahre hinaus ein Patt blei-

ben wird. Ein Erfolg und Sieg, wie auch immer der aussehen soll, liegt nicht nur einige Jahre in der Zukunft, sondern würde noch Jahrzehnte und Generationen dauern und weitere Milliarden kosten. Der Preis für einen solchen Sieg ist für die Staatskasse der USA zu hoch.

Ich bitte, mir den vielleicht manchmal etwas gereizten Tonfall dieses Schreibens nachzusehen. Ich bin sicher, dass Ihnen klar ist, was dieser Krieg für so viele Menschen zu Hause bedeutet. Familien, die von ihren Söhnen und Töchtern getrennt sind, die unser Land verteidigen. Familien, die zu Hause die verheerenden Folgen unserer Kampfeinsätze mittragen. Tausende unserer Soldaten sind nach Hause zurückgekehrt mit physischen und seelischen Wunden, von denen manche nie verheilen oder sich mit der Zeit sogar verschlimmern werden. Die Toten werden ihren Familien übergeben, denen man versichern können muss, dass ihre Lieben ihr Leben, ihre Zukunft, ihre Träume nicht umsonst gelassen haben. Ich glaube inzwischen nicht mehr daran, dass man diesen Familien guten Gewissens gegenübertreten kann. Aus diesem Grund reiche ich hiermit meine Kündigung ein.

Hochachtungsvoll,
Matthew P. Hoh
Senior Civilian Representative Zabul Province, Afghanistan

Mit diesem Brief hat der hochrangige US-Diplomat Matthew P. Hoh seinen Dienst in Afghanistan quittiert. Der Brief ist an die Botschafterin Nancy J. Powell, Generaldirektorin des Diplomatischen Dienstes der USA in Washington, gerichtet. Publiziert u. a. in: The Washington Post, Die Zeit, Frankfurter Rundschau, der Freitag, der standard und im Internet. Hier in einer Übersetzung von Andrian Widmann.

Karsta Peters
Gedanken und Ängste einer Mutter

Als unser Sohn mit zwanzig Jahren, das war 1981, für fünfzehn Monate zum Wehrdienst einberufen wurde, haben wir, seine Eltern, das so hingenommen. Es war ja Gesetz und wohl auch wichtig, wieder eine Bundeswehr für Deutschland zu haben. Natürlich nur zur Abschreckung.

Als kleiner Junge wollte unser Sohn immer so gern ein Schießgewehr haben, um mit seinen Freunden Indianer und Ranger zu spielen. Wir haben es ihm verboten. Mein Mann hat ihm erzählt, dass er keinen Opa hat, weil unsere Väter im Krieg mit einem Gewehr erschossen worden sind und wir in seiner Hand keine Waffen sehen wollen, die auf Menschen gerichtet werden. Auch nicht im Spiel.

Und nun musste und wollte unser Sohn zur Bundeswehr. Er sah es sicher damals als eine Art Abenteuer. Eben noch Pfadfinder und jetzt Soldat.

Als ich meinen Sohn das erste Mal in Uniform sah, es war beim Gelöbnis, und all die anderen »Jungs«, alles achtzehnjährige Kinder, da lag ein Gewicht auf meinem Herzen. Es war ein großer Schmerz, und Angst schnürte mir die Kehle zu.

Ich war wieder das kleine Mädchen, das 1943 auf der Straße zu den großen Panzern hinaufsah, die vorbeirollten. Auf ihnen hatte ich die uniformierten Soldaten mit ihren Gewehren gesehen. Ich sah meinen Vater, als er das letzte Mal von der Front, in Uniform, in den Heimaturlaub kam. Ich war vier Jahre alt. Wir waren aus Hamburg heraus evakuiert worden und lebten in einer Kleinstadt im Fichtelgebirge. Es war Sommer. Wir hatten eine, die letzte, fröhliche Zeit miteinander. Mein Vater und meine Mutter, die sich so sehr liebten, und ich, ihr Kind. Sechs Monate später, am zweiten Weihnachtstag, rannte meine Mutter schreiend, weinend aus dem Haus. Ich wusste nicht, was geschehen war, wollte hinter meiner Mutter herlaufen. Aber meine Oma hielt mich fest. Als sich ihr Griff etwas lockerte, riss ich mich los und lief meiner Mutter nach.

Es dauerte lange, bis ich sie einholte. Sie war in den nahen Wald gelaufen und wollte sich an einem Baum erhängen. (So hat sie es mir erzählt, als ich älter war.) Sie hatte die Nachricht bekommen, dass ihr Mann, mein Vater, mit 28 Jahren »für Führer, Volk und Vaterland den Heldentod gestorben war«. So war es formuliert gewesen.

»Aber dann«, so erzählte sie es mir, »spürte ich auf einmal eine kleine Hand in meiner Hand, und du riefst: ›Mutter, warum weinst du?‹ Und da wusste ich, dass ich weiterleben musste. Für dich, mein Kind. Mein schönstes Andenken an meine Liebe, deinen Vater.«

Und da stand ich nun bei der Vereidigung und sah meinen Sohn und seine Kameraden in ihrer Uniform, die bei mir so viele Erinnerungen und Unwohlsein auslöste.

Meinem Mann ging es wie mir. Er war vier Wochen alt gewesen, als sein Vater 1940 fiel. Er hat ihn nie kennengelernt. Auch er hat noch sehr starke Erinnerungen an Kriegserlebnisse.

Als unser Sohn sich dann entschloss, Berufssoldat zu werden, gab es wieder einige Diskussionen. Bundeswehr für Deutschland muss sein – aber ausgerechnet mit unserem Sohn? Aber er war volljährig, und es war seine Entscheidung.

Unser Sohn ist mit Engagement und mit voller Überzeugung, als Soldat einen wichtigen Beitrag für den Erhalt des Friedens zu leisten, schon wieder im Einsatz.

Seinen ersten Auslandseinsatz hatte er im Kosovo, im Jahre 2000 für sieben Monate.

Wir hatten große Angst, dass ihm etwas zustoßen könnte. Jede Nachricht, jeder Bericht wurde mit angstvollen Gefühlen gelesen und gehört. Unser Sohn hat uns jedoch immer beruhigt: »Keine Gefahr, Mami!« Und einmal hat er zu mir gesagt: »Es ist mein Beruf und mein Berufsrisiko. Wäre ich Polizist geworden, hätte ich auch jeden Tag damit rechnen können, dass irgendein Durchgeknallter mich mit einer Waffe bedroht, verletzt oder sogar tötet.«

Keine Gefahr! Das stimmte natürlich nicht, und wir wussten es. Ich dachte an die schrecklichen Minen, die überall lagen, und an alle anderen Kriegsgefahren. Wir waren so froh, als dieser Einsatz vorbei war und wir unser Kind gesund wieder in die Arme nehmen konnten.

2003 meldete sich unser Sohn freiwillig für vier Monate für einen Afghanistaneinsatz nach Kabul. Wir brauchten nicht mehr zu fragen, ob das nicht zu gefährlich sei. Wir wussten es. Wir hörten und lasen es in den Medien. Wieder sandte ich jeden Tag Gebete zum Himmel und schickte all meine Engel aus, um meinem Sohn schützend zur Seite zu stehen. Und das war auch nötig, denn in der Zeit seines Aufenthalts sind Kameraden durch einen Attentäter getötet worden. Auch ihre Eltern hatten jeden Tag gebetet.

Jetzt, wo ich meine Gedanken hier aufschreibe, weine ich, in tiefer Anteilnahme für die Familien, die ihre geliebten Söhne, Männer, Väter in Särgen zurückbekommen haben. Ich kenne diesen Schmerz durch meine Mutter, die nie ihre Traurigkeit über den Tod ihres Mannes verloren hat und dadurch auch jung gestorben ist. Auch ich habe meinen Vater immer sehr vermisst. Und nun werden unsere Söhne den gleichen Gefahren ausgesetzt.

Jetzt, wo ich alles aufschreibe und Gedanken zulasse, die ich sonst gerne verdränge, merke ich, wie sehr wir in der Familie gelitten haben. Ich denke an die Träume, die ich hatte. In denen ich auf eine Mine trat und gerade noch einer Explosion entrinnen konnte. Aber der kleine Junge, der gerade noch an meiner Seite

ging, war verschwunden und ich suchte ihn, bis zum schweiß-
gebadeten Aufwachen. Ich weinte noch am Kaffeetisch.

Ich denke an meine beiden Enkelsöhne, die ihren Vater oft ent-
behren mussten und auch Angst um ihn hatten. Und ich denke
an meine Schwiegertochter, die ich so bewundere, weil sie alles so
klaglos und tapfer mitgetragen hat und weiter mitträgt. Welche
großen Ängste hat sie verdrängt? Und es geht wohl auch nicht
anders. Der Alltag läuft weiter, man muss funktionieren, und
man hofft, dass nichts Schlimmes passiert. Und dass der Sohn,
Mann, Vater gesund und wohlbehalten wieder zurückkehrt. Körperlich gesund. Aber die Seele? Da muss wohl wieder verdrängt
werden.

Splitter

Hoffnung ist nicht der Glaube an einen guten Ausgang, sondern der Glaube, dass das Ganze einen Sinn hat.
Eine Witwe

Marco Helmer
Mein Einsatz im Kosovo

[Marco Helmer, 37, Hauptfeldwebel der Reserve, Panzertruppe, KFOR 2000]

Zwar habe ich keine unmittelbaren Kampfhandlungen, Gräueltaten oder Anschläge gesehen oder miterlebt – dennoch, meine 180 Tage im Einsatz haben mich als jungen Mann geprägt.

Mai 2000. Drei meiner Kameraden stehen im Windfang unserer Kompanie, als ich gerade aus dem Stab komme. Sie lachen, tuscheln, ich höre, wie sie über Bosnien, den Kosovo und ihren Einsatz sprechen. Ich frage nach, was los ist. Einer meiner Kameraden winkt ab und sagt: Du weißt doch, unser Einsatz, wir dürfen nicht drüber reden.

Ja, ihr Einsatz. Darüber wurde oft gemunkelt. Sie sollen sogar von einem General zum absoluten Schweigen vergattert worden sein, da ihr Auftrag einer strengen Geheimhaltung unterlag. Spannend! Spannung, das wollte ich auch. In meinem Inneren war ich bereit für etwas Neues, ich wollte wissen, was andere erlebt hatten, wollte wissen, ob das, was ich beim Bund in den vergangenen sieben Jahren gelernt hatte, auch im Einsatz Bestand haben und sich bewähren würde.

Ich beschloss kurzerhand, mich freiwillig für einen Einsatz zu melden. Damals gab es noch nicht viele Soldaten mit Erfahrung im Auslandseinsatz. Heute muss ich zugeben, dass ich mein Vorhaben noch nicht einmal mit meiner Frau besprochen habe, obwohl wir schon sieben Jahre verheiratet waren. Doch insgeheim war ich fest entschlossen, zu gehen. Ich ging zu meinem Kompaniefeldwebel, einem erfahrenen Fallschirmjäger, und bat ihn, mir dabei zu helfen, mich für einen Einsatz zu melden. Mein Spieß schaute mich überrascht an. Er merkte aber, dass es mir sehr ernst war.

Nach kurzer Zeit stand fest, dass der nächste Leitverband die Panzerbrigade 21 sein würde, die von Augustdorf aus in den Kosovo gehen würde. Da ich die ersten zwei Jahre meiner Dienstzeit in Augustdorf verbracht hatte, kannte ich den Verband und war von vornherein guter Dinge.

Meine Frau wurde von mir ganz nebenbei darüber informiert, dass der Ehemann und Vater zweier Kinder in den Einsatz geht. Meine Frau hat mich seitdem immer unterstützt. Wie sich später herausstellen sollte, wurde sie mein bester Kamerad.

Ich war heiß auf den Einsatz. Ich wollte auch einer von denen sein, die Geschichten erzählen konnten. Und ich wollte Soldat sein, ein richtiger Soldat.

Dienst in einer Betreuungseinrichtung

Abends, wenn unsere Vorgänger, die sogenannten Abgänger, wie sie sich selbst nannten, aus den Betreuungseinrichtungen im Lager kamen, sangen sie Lieder, Lieder wie »Lili Marleen«, »Country Road« oder »Am Arsch der Welt«. Sie lagen sich in den Armen, manchmal heulten sie sogar dabei. Ich konnte es zunächst nicht verstehen.

Zu Beginn meines Einsatzes hatte ich mich zu entscheiden, ob ich Kasernenfeldwebel im Feldlager Prizren oder Betreuungsfeldwebel einer Kompanie mit 432 Soldaten sein wollte. Meine Entscheidung fiel für den Betreuungsfeldwebel. Mein Vorgänger, ein rauer Stabsfeldwebel, wies mich in meinen Auftrag ein. Im Einsatz erfuhr ich dann, dass ich eine Betreuungseinrichtung, eine Art Kneipe für Soldaten innerhalb einer militärischen Liegenschaft, betreiben sollte.

Gleich am nächsten Tag bekam ich eine Kurzeinweisung mitten in Prizren. Hier zeigte mir der Staber, wo ich welche Dinge für meinen Bedarf decken konnte. Er zeigte mir die versteckten Läden in der Innenstadt. Dort konnte man sogar unser heimisches Bier kaufen. Der Staber erklärte mir, dass dies eigentlich nicht erlaubt sei, weil Lebensmittel immer nur bei uns Deutschen im Lager oder einem unserer eigenen Marketender gekauft werden durften. Aber die Menschen im Kosovo wussten genau, dass die Deutschen Geld brachten. Und die Betreuungsfeldwebel der Verbände hatten das Privileg, mit einem Sonderausweis das Lager verlassen zu dürfen. Das durfte der normale Soldat nur in Ausnahmefällen, etwa mit einem Patrouillenauftrag oder wenn ein dienstlicher Zweck dies erforderte. Der Staber wies mich noch ein, niemals jemandem Vertrauen zu schenken, man könne, wie er es ausdrückte, den Menschen hier »nur vor den Kopf gucken«. Als kleinen Tipp riet er mir schließlich noch, dass ich meine Kurzwaffe, eine Pistole P8 von Heckler & Koch, immer sichtbar in meiner Mitteltasche der österreichischen Bristol tragen sollte.

Kleine Anmerkung: Eine deutsche schusssichere Splitterschutzweste gab es zu diesem Zeitpunkt noch nicht. Wir mussten uns damals noch von unseren Nato-Verbündeten welche ausleihen. Zum gleichen Zeitpunkt flog damals allerdings ein Hauptmann aus Deutschland ein, um Prüfungen an Feuerlöschern in den Gebäuden und in den Militärfahrzeugen durchzuführen. Obwohl wir gerade mal das zweite Kontingent auf dem Balkan waren, hatte uns die Bürokratie schon wieder eingeholt …

Ich gewöhnte mich schnell an den neuen Alltag. Ich stand morgens früh auf und ging abends sehr spät zu Bett. Fast immer als einer der Letzten. Gerade zu Beginn eines jeden Einsatzes wurde immer sehr genau darauf geachtet, dass die Regeln eingehalten wurden. Eine Regel besagte, dass jeder Soldat ohne militärischen Auftrag um 23:00 Uhr in seiner Unterkunft zu sein hatte. Die Betreuungsfeldwebel hatten auch hier das Privileg, dass diese Zeit für sie nicht bindend war, da nach Schließung der Betreuungseinrichtung um 22:45 Uhr erst einmal die Kasse gezählt und das Geld in einen gesonderten Tresor verbracht werden musste.

Jetzt, wenn ich diesen Beitrag schreibe, wird mir erst bewusst, wie viele Schicksale ich als »Wirt« hinter der Theke miterlebt habe. Wie viele Trennungen sich im Einsatz abspielten, wie viele Geschichten ich unter Alkoholeinfluss mit anhören musste. Und ich wollte sie hören, jede einzelne Geschichte meiner Kameraden. Teilweise kamen Soldaten in die Betreuungseinrichtung, die nicht mal unserem Verband angehörten. Auch ihre Geschichte saugte ich auf. Von morgens bis abends, 180 Tage lang. An Weihnachten, Silvester, an meinem Geburtstag und dem meiner Frau, an Ostern. Ich will mich nicht beschweren, doch soll jedem klar sein, welcher Belastung ein Soldat im Einsatz ausgesetzt ist, auch »nur« ein Betreuungsfeldwebel. Oder gerade der.

Ich habe immer versucht, mit meinen beiden Soldaten, einem Obergefreiten und einem Hauptgefreiten, das Beste für die Soldaten unseres Kontingents herauszuholen. Schnell wurde mir klar, dass die Soldaten neben einer ausgezeichneten Truppenküche auch durch die kleinen täglichen Dinge bei Laune gehalten werden mussten. Ob Kicker- oder Dartturnier, die Mag-Lite von den Amerikanern, das neue Schulterhalfter für die Dienstpistole oder das Zippofeuerzeug vom PX in Priština, wir besorgten ihnen alles.

Durch meine Versorgungsfahrten kam ich im gesamten Kosovo herum, schloss Freundschaften zu anderen Einheiten und Nationen. Ich konnte mit den Feldjägern sogar mehrmals nach Mazedonien fahren, selbstverständlich mit dienstlichem Zweck. Die Bedingungen vor Ort waren äußerst extrem und haben an alle Beteiligten höchste Anforderungen gestellt. Die Temperaturunterschiede zwischen 40 Grad plus im Sommer und 25 Grad minus im Winter stellten ebenfalls enorme körperliche Belastungen dar.

Ich erinnere mich noch sehr gut an die Silvesternacht 2000 auf 2001. Da ich zusätzlich zu meinen beiden Mannschaftssoldaten noch drei zivile Kräfte, einheimische Frauen, für die Bewirtung meiner »Kneipe« zur Verfügung hatte, beantragte ich bei meinem Kompaniechef, dass wir alle in dieser Nacht länger im Lager arbeiten konnten, da auch sie an das Ausgehverbot nach 23:00 Uhr gebunden waren. Mein Chef stimmte zu, und die Ausgangssperre wurde bis 02:00 Uhr verlängert. Nach getaner Arbeit fuhr ich die drei Frauen, eine nach der anderen, zu ihren Wohnungen.

Als alle bei ihren Eltern wohlbehalten abgeliefert waren, traten der Hauptgefreite und ich den Heimweg an. Plötzlich sahen wir im Zentrum der Stadt einen einsamen Feldjäger-T3-Bulli mit Blaulicht stehen. Ich wies meinen Soldaten an, wachsam zu sein. Am Rand der Straße fand eine Massenschlägerei statt, und unmittelbar neben dem Feldjägerfahrzeug entdeckte ich einen alten Bekannten. Er erklärte mir, dass es sich bei der Schlägerei wohl um einen Familienstreit, der ausgeartet sei, handele und er bereits Verstärkung über Funk angefordert habe. Da es schon einige Verletzte gegeben hatte, wurde auch der BAT (Beweglicher Arzt Trupp) zur Unterstützung angefordert. Mein Hauptgefreiter nahm bei offener Tür unseres Fahrzeugs, das Gewehr in Anschlag, Stellung und beobachtete das Geschehen. Nicht auszudenken, was passiert wäre, wenn die Situation eskaliert wäre oder, noch schlimmer, wenn sich die Einheimischen gegen uns deutsche Soldaten gerichtet hätten. Aber alles klappte, wir konnten uns aufeinander verlassen. Nach einigen Minuten waren die Kräfte des Deutschen Kontingents vor Ort, mit dabei der BAT, der sich nun um die Verwundeten kümmerte. Ende gut, alles gut.

Manchmal lagen bei einigen die Nerven blank, man nannte dieses Phänomen dann »Lagerkollaps«. Der stellte sich bei den Soldaten meistens zum Ende des Einsatzes ein, häufig etwa ab dem fünften Monat. Man munkelt heute, dass die Kontingente genau aus diesem Grund von sechs auf vier Monate verkürzt wurden.

Was für uns zunächst ziemlich harmlos aussah, entwickelte sich Anfang März 2001 zum Bürgerkrieg. Aber nicht im Kosovo, sondern im Nachbarland Mazedonien. Dort hatte sich die UCK (Befreiungsarmee für den Kosovo) in den Bergen rund um die Stadt Tetovo verschanzt und einzelne Gefechte gegen die mazedonische Armee geführt. Die Gefechte wurden mit schweren Granatwerfern geführt. Nachts hörten wir die Abschüsse in unseren Containern, keiner wusste genau, was los war. Doch wir »alten Hasen« wussten, dass die Lage ernst war. Ein Kamerad von mir war in der Abteilung für militärische Sicherheit eingesetzt. Er war auch Artillerist und informierte mich darüber, dass Panzerhaubitzen vom Typ M109 angefordert worden waren, um gegebenenfalls Angriffe auf unsere Truppen in Mazedonien abzuwehren. Gleiches galt für unsere Kampfpanzer vom Typ Leopard II. Diese wurden von Prizren ins Lager der deutschen Truppen nach Mazedonien entsandt. Wir, die Deutschen, waren feuerbereit. Wie sich später herausstellte, waren diese Panzerhaubitzen gar nicht in der Lage, über die Berge auf Angreifer zu schießen, weil die Berge zu hoch waren. Die Bundeswehr verfügte aber zu diesem Zeitpunkt schon über die Panzerhaubitze 2000 mit einer Reichweite von 30–40 Kilometer.

In Mazedonien war zu keinem Zeitpunkt damit gerechnet worden, dass es zu Kampfhandlungen kommen würde. Im Kosovo dagegen waren die Soldaten halbwegs darauf vorbereitet worden.

Bei einem weiteren Fall wurde mir ebenfalls sehr mulmig. Da mein Einsatz sechs Monate dauerte, durfte jeder Soldat zehn Tage Urlaub in Anspruch nehmen. Nach den ersten drei Monaten entschieden meine Frau und ich gemeinsam, dass ich diesen Urlaubsantrag stellen würde. Mein Chef segnete alles ab. Da von Prizren oder Priština, der Hauptstadt des Kosovo, keine Bundeswehrmaschinen flogen, wurden alle Flüge von Skopje aus durchgeführt. Um zu diesem Flugplatz zu kommen, stellte das deutsche Kontingent immer einen Konvoi zusammen. Ein Sicherungsfahrzeug vorne, eins hinter den zivilen Bussen mit den Soldaten, und die Reise konnte beginnen. So aber nicht in diesem Fall.

Zwei Tage vor meinem Urlaubsantritt kam ein Kamerad in unseren Container. Er berichtete mir von einem Hinterhalt zwischen Prizren und Skopje, in den der letzte deutsche Konvoi geraten war. Der Bus sei von Unbekannten beschossen worden. Da man über die Hintergründe noch nichts wusste, waren die Konvois erst einmal gestoppt worden. Ich hatte schon die Taschen mit den üblichen zollfreien Waren gepackt, doch dann kam die Meldung vom Kompaniechef: Alle Urlauber haben sich darauf einzustellen, dass sie lediglich den Kampfrucksack als Gepäckstück mitnehmen können. Dann ging alles Schlag auf Schlag. Am darauffolgenden Tag mussten alle aus dem Urlaubskonvoi antreten, und wir wurden über den Transportoffizier informiert, dass man aufgrund des Überfalls beschlossen habe, den Anfahrweg nach Mazedonien zu ändern. Die Busse sollten nicht die geplante Strecke fahren, sondern nach Priština, also genau in die entgegengesetzte Richtung. Von da aus sollten dann alle verfügbaren Hubschrauber eingesetzt werden, um uns sicher nach Skopje zu fliegen. Und so geschah es. Die Hubschrauber brachten uns im Konturenflug – dabei ändern die Piloten in sehr schneller Folge die Richtung und fliegen dicht über die Baumkronen, um kein leichtes Ziel für Angreifer abzugeben – in ziemlich niedriger Höhe von Priština nach Skopje. Für den normalen Passagier ist das so ziemlich das Fieseste, was man sich vorstellen kann. Der Magen rebelliert, und man hat das Gefühl, jederzeit zusammenzuklappen. Im Hinterkopf sitzt natürlich immer das Wissen, dass jederzeit wieder ein Anschlag erfolgen kann.

Wie schnell doch eine Streitmacht in die Enge getrieben werden kann! Der Einsatz im Kosovo war der erste größere Einsatz deutscher Soldaten nach dem Zweiten Weltkrieg. Hinzu kam, dass man die Lage möglicherweise völlig unterschätzt hatte. Ich bin als erfahrener Unteroffizier mit Portepee mal zu meinem Kompaniechef gegangen und habe ihn gefragt, wo im Falle eines Angriffs gegen unser Lager Stellung bezogen werden sollte beziehungsweise wo unsere Sammelräume seien. Mein Chef schaute mich daraufhin fragend an und sagte: »Wer soll uns denn angreifen?« Das verschlug mir schon die Sprache, immerhin befehligte dieser Mann mehrere Hundert Soldaten. Mir blieb hier nur, meine Soldaten genau einzuweisen, was wir zu tun hätten, wenn doch etwas passieren sollte.

Ich könnte an dieser Stelle noch viele Erlebnisse schildern, die ich Abend für Abend von Soldaten hinter meiner Theke erfahren habe und die meine 180 Tage im Einsatz geprägt haben. Manchmal fühlte ich mich als Eheberater, Sozialarbeiter, Streetworker, Pfarrer, Freund und Kamerad. Später stellte ich fest, dass mir selbst keiner zugehört hat. Dennoch habe ich es gern getan, ich habe auch diesen »Sozialdienst« als Teil meines Auftrags verstanden. Doch ich möchte auch über die schwierige Zeit nach dem Einsatz berichten, die quälenden, schlaflosen Nächte.

Das Leben nach dem Einsatz

Ich kam als einer der Letzten von unserem Einsatzkontingent nach Deutschland zurück. Ich verschnaufte kurz zu Hause und reiste dann zu meiner Frau, die gerade an der Ostsee eine Mutter-Kind-Kur machte. Dort haben wir uns noch ein Wochenende gegönnt, bevor wir alle gemeinsam wieder in unser Haus zurückreisten.

Bis dahin war für mich alles gut gegangen. Die psychologische Nachbereitung meines Einsatzes lief folgendermaßen ab. Wir wurden in Gruppen eingeladen und sollten, so wurde uns das im Vorfeld erklärt, über gegebenenfalls vorhandene Probleme sprechen. In der Realität legte der Verantwortliche an diesem Tag Würstchen auf den Grill, gab Bier aus und meinte: »Das war doch mal ein geiler Einsatz gewesen.« Es wurde geklönt, gelacht und auch gesungen, aber unter psychologischer Betreuung hatte ich mir doch etwas anderes vorgestellt.

Es war ein Sonntag, drei Monate nach meinem Einsatz. Ich werde diesen Tag niemals vergessen. Ich lag abends neben meiner Frau im Bett, als ich plötzlich zu schwitzen anfing, ich hatte das Gefühl, ich würde zittern. Ich versuchte, mich darauf zu konzentrieren, doch ich merkte, dass mein Körper in Wirklichkeit nicht zitterte, es war mein Kopf, der mir den Anschein vermittelte, dass ich zittern würde. Ich konnte die Situation nicht einschätzen, noch nie in den 27 Jahren meines Lebens hatte ich zuvor so eine Erfahrung gemacht. Ich stand auf, lief durch die Wohnung, wollte dieses Gefühl loswerden, aber vergeblich. Es blieb. Ich weckte meine Frau, sie sagte mir, dass es bestimmt nur von kurzer Dauer sei und gleich vorbeigehen würde. Niki, meine Frau, war Krankenschwester, sie musste es ja wissen, dachte ich.

Die ganze Nacht war für mich der reinste Horrorfilm, wo alles, aber wirklich alles, völlig unrealistisch zu sein schien. Am nächsten Morgen, die Nacht über hatte ich kein Auge zugemacht, fuhr ich in meine Dienststelle. Ich war fertig mit den Nerven, alles schien jetzt aus dem Ruder zu laufen.

In den vielen Jahren an meinem Standort hatte ich gute Verbindungen in den Sanitätsbereich aufgebaut. An diesem Morgen hatte eine Oberstabsärztin Dienst. Wir kannten uns schon lange und duzten uns. Sie war sehr hilfsbereit zu mir, weit über das normale Maß hinaus. Ich durfte gleich bei ihr vorsprechen. Sie sagte nichts, schaute mich nur an und fragte, wie lange ich das schon hätte. Ich verstand zuerst nicht. Wie lange ich diese Angstzustände schon hätte. Ich konnte mich nicht kontrollieren, wusste nicht, wie mir geschah. Ich glaubte, dass mich jede weitere Überlegung, Anstrengung oder Bewegung umbringen würde. In meinem Kopf wurden Dinge durchgespielt, für die andere Menschen in den Knast kommen. Ich war am Ende.

Die Ärztin gab mir eine Überweisung für eine Psychologin in der nächsten Stadt, einer zivilen Ärztin. Sie sagte mir, ich wäre kein Ausnahmefall, andere wären auch schon mit solchen Störungen bei ihr gewesen. Ich war also eine Art Störfall. Entsetzlich, aber damit konnte ich mich jetzt nicht befassen, ich wollte nur dieses Gefühl loswerden. Das Gefühl, hilflos, schwach, überflüssig zu sein.

Das 15-Minuten-Gespräch bei der Psychologin in der Stadt lief ähnlich schnell ab wie das Würstchen-und-Bier-Treffen nach dem Einsatz. Die Psychologin sagte zu mir, dass ich viel mitgemacht und erlebt hätte. Insbesondere die 20-stündige Belastung am Tag über einen Zeitraum von sechs Monaten könne gar nicht spurlos an einem vorbeigehen. Sie schrieb mich für einige Wochen krank. Und sie verschrieb mir das Medikament Cipramil. Dieses Mittel sollte mir bei meinem Heilungsprozess helfen.

Ich informierte mich über den Wirkstoff und fand schnell heraus, dass Citalopram zur Behandlung von Depressionen und bei Angststörungen angewendet wird. Der antidepressive Effekt von Citalopram setzt normalerweise nach zwei bis vier Wochen regelmäßiger Einnahme ein. Vereinfacht gesagt: Dadurch steht mehr freies Serotonin im Gehirn zur Übertragung von Nervensignalen zur Verfügung, und es kommt zu einer stimmungsaufhellenden und angstdämpfenden Wirkung.

Ich war also krank. Krank? Ich hatte doch noch meine Beine, mir wurde auch kein Arm bei einer Detonation weggerissen. In meinem Kopf stimmte etwas nicht, aber was? Was verdammt stimmte nicht? Ich fand keine Antwort. Also einfach abwarten, Tee trinken, und wenn die Tabletten anschlagen würden, ginge schon alles von ganz alleine vorüber?

Für meine Frau war diese Zeit wohl die schlimmste. Was die Kinder damals, zwei und sieben Jahre alt, mitbekommen haben, weiß ich nicht. Ich konnte mich in meinem Zustand auch nicht darum kümmern. Die Nächte waren kurz. Immer wieder stand ich auf, schweißgebadet, unruhig und völlig neben der Spur. Ich hatte oft identische Bilder: Ich sah aus einem fahrenden Wolf, wie der Jeep bei der Bundeswehr genannt wird, immer wieder ein Haus in einer Senke mit Rechtskurve, wo bewaffnete Personen patrouillierten. Die Einschüsse am Haus und die Gegend könnten im Kosovo sein, aber ich selbst habe nie so ein Haus gesehen oder eine Situation erlebt, die so oder ähnlich war. Ich verstehe es bis heute nicht. Doch das Haus sehe ich vor mir, als wäre es mein eigenes. Ich hatte in meinem Leben bis dahin noch nie solche Probleme gehabt.

Heute besteht meine größte Angst darin, dass mir so eine Situation wieder zustoßen könnte. Mit den Medikamenten habe ich es geschafft, stabil zu bleiben. Seit einigen Jahren nehme ich diese Medikamente nicht mehr. Trotzdem ist die Angst immer noch da. Die Angst, wieder »krank« zu werden. Für mich haben die Gespräche bei Psychologen und Ärzten nichts bis wenig gebracht. Den einzigen wirklichen Halt hatte ich bei meiner Familie und bei zwei Kameraden, mit denen ich reden konnte. Bis heute hält diese Freundschaft. Dennoch überkommen mich ab und zu noch leichte Angstgefühle. Warum? Ich weiß es nicht.

Heute, fast zehn Jahre später, weiß ich aus vielen Berichten, aus militärischen Zeitungen und dem Internet, dass es spezielle Anlaufstellen für Patienten mit dem Posttraumatischen Belastungssyndrom, PTBS, gibt. Nutzt diese, kann ich nur jedem Betroffenen raten, ich hatte damals noch nicht die Chance dazu.

Ich hoffe, dass dieser kleine Bericht anderen hilft, die Welt der Soldatinnen und Soldaten zu verstehen. Und die Probleme und Ängste, die nach einem Einsatz auftreten können. Reagiert auf Veränderungen eurer Partner! Lauft nicht davon.

Heike Groos
Ein Krieg, der offiziell keiner ist
Nachbemerkung

When I see a bird that walks like a duck and swims like
a duck and quacks like a duck, I call that bird a duck.

James Whitcomb Riley

Neuseeland, Februar 2010

»Liebe Heike, danke für diesen Bericht. Leider ist er nicht sehr
gut. Entschuldige, wenn ich so nüchtern reagiere. Aber Dir gegenüber muss ich ehrlich sein. Leider kann der Verfasser nicht
wirklich deutlich machen, was er erlebt hat. Beim Lesen bleibt
man ganz unbeteiligt.«

So schrieb mir unser Lektor zu einem Bericht, den ich wie alle
Beiträge für dieses Buch zur Korrektur an ihn weitergeleitet hatte.
Ich dachte über seine Worte nach, las sie ein zweites Mal, dann
ging ich in die Küche, holte mir eine frische Tasse Kaffee, setzte
mich wieder vor den Laptop, las die Nachricht noch ein drittes
Mal, und dann schrieb ich ihm zurück, dass ich mit seiner Ein-
schätzung überhaupt nicht einverstanden bin.

Ich meine, was wollen wir denn eigentlich erreichen mit diesem Buch? Wir wollen doch keine Schmalzklamotte schreiben.
Das können andere tun. Uns geht es doch nicht darum, Mitleid
zu erwecken.

Wir wurden nach Afghanistan geschickt, um »Deutschland
auch am Hindukusch zu verteidigen«. Dieses Zitat des ehemaligen Verteidigungsministers war damals in aller Munde, ein
großes Wort, vielleicht ein wenig zu leichtfertig dahingesagt und

nie weiter erklärt. Nicht so erklärt, dass man fühlen konnte, dass es richtig ist.

Da sind uns die Amis voraus. Mit ihrer Kampagne »Support our Troops« schaffen sie es immer wieder, Soldaten und deren Angehörige bei ihrem Patriotismus und der Loyalität für ihr Land und ihre Mitbewohner zu packen.

Wir Deutschen bleiben zerrissen und finden es schwer, uns eine Meinung zu bilden über diesen Einsatz in Afghanistan. So habe ich es immer empfunden, und ich weiß, dass es für viele Soldaten genauso schwierig ist. Immerhin sind wir persönlich betroffen. Für uns ist der Satz unseres damaligen obersten Dienstherren keine Floskel. Er wird für uns zur Wirklichkeit, er schickt uns tatsächlich mit Fleisch und Blut in dieses Land, von dem wir vorher nicht wussten, dass es uns etwas angeht, und das für uns bis dahin so irreal war und so wenig mit unserem Alltag zu tun hatte wie der Kongo.

David Livingston, ein schottischer Missionar, war 1866 im Kongo verschollen. Der ihm vom *New York Herald* nachgesandte britische Journalist Henry Morton Stanley machte sich 1870 auf die Suche nach ihm und fand ihn nahe des Tanganjikasees.

Stanley war ein harter Knochen. Die Eingeborenen nannten ihn Bula Matari, »der die Steine bricht«, weil er nicht lange fackelte, wenn sich ihm etwas in den Weg stellte. Wenig zimperlich bemühte er gleich das Gewehr oder Dynamit. Er war ein für die damalige Zeit weitgereister Mann, der erste Europäer überhaupt, der den gesamten Kongo umfassend bereiste und darüber berichtete. Er schrieb: »Ich verabscheue dieses Land aus ganzem Herzen.«

Er nannte Afrika den »dunklen Weltteil« und reiste doch unter den größten Entbehrungen immer wieder dorthin. Jahrelang. Auf seiner Mission, zu erforschen und zu berichten.

Übrigens, dies sei nur nebenbei bemerkt, nahm er billigend in Kauf, dass Hunderte der Männer, die ihn auf diesen Reisen begleiteten, dabei ums Leben kamen. Teils durch Krankheiten, teils wurden sie durch feindselige eingeborene Stämme ermordet und teils starben sie auch indirekt durch ihn. Deserteure bekamen von ihm die Nilpferdpeitsche zu spüren, und er trieb sie in die Sümpfe, wo sie elendiglich zugrunde gingen.

Stanley war ein passionierter Journalist, und die damalige zivilisierte westliche Welt erfuhr durch ihn viel über den Kongo und die dort vertretenen Ethnien Luba, Lunda und Bantu. Wir wissen das alles aus Büchern, es sind für uns Reisebeschreibungen aus längst vergangener Zeit, und sie jagen uns bestenfalls einen Schauer über den Rücken. Sie haben mit unserer Realität nichts zu tun.

Für uns heutige deutsche Soldaten wurden andere Ethnien real, Worte, die wir bis dahin vielleicht nicht einmal aus Büchern gekannt haben. »Paschtunen«, »Tadschiken«, »Hasara«, »Usbeken«, »Belutschen« infiltrierten unmerklich unseren täglichen Gebrauchswortschatz.

Die Zerrissenheit Henry Morton Stanleys teilen wir auch. Wir sehen die Schönheit und auch die Not dieses Landes Afghanistan. Wir verlieben uns in die grandiose Natur, das helle Licht, die Wärme, den weißen Schnee, die klirrende Kälte und die zähen, tapferen Menschen, die uns anfangs so warmherzig und gastfreundlich begrüßten.

Mittlerweile sind sie selbst uns Deutschen gegenüber misstrauisch geworden, und uns wiederum erfüllt ein tiefes Unbehagen, eine Mischung aus dem gleichen Misstrauen, einer Heidenangst und den Zweifeln daran, ob es richtig ist, was wir dort tun.

Ich besitze ein Foto, das mir zu meinem Geburtstag in Afghanistan von Kameraden überreicht worden war, mit denen ich oft gemeinsam Aufträge in Kabul und dessen Umgebung ausgeführt hatte. Die Kameraden und ich sind darauf zu sehen, es war Sommer, wir stehen vor einem Stausee, das Wasser glänzt wunderbar türkis in der Sonne, dahinter erheben sich majestätische Berge. Wir sind alle bekleidet mit schweren Kampfstiefeln, massiven Splitterschutzwesten, der schwere Stahlhelm baumelt am Gürtel, über der Schulter ein Gewehr und an der Hüfte die Pistole. Als

Überschrift setzten die Kameraden in dicken roten Lettern darüber: »AFGHANISTAN IS NO FUN!«

Wir sind genauso hin und her gerissen zwischen Sympathie für dieses Land und einem Grauen davor, wie es der britische Journalist Stanley bezüglich Afrika war. Nur dass wir im Unterschied zu Stanley und ziemlich genau 150 Jahre später natürlich nicht zu Gewehr und Dynamit greifen. Und dass wir nicht die Nilpferdpeitsche zu spüren bekommen, wenn wir nicht mehr mitmachen wollen.

Aber eine Mission zu haben, das würde auch uns helfen. Einen präzise umrissenen Auftrag, mit dem wir uns identifizieren können. Ein Konzept, das wir verstehen können. Eine Kraftquelle, die uns motiviert. Eine klare Ansage wäre gut.

»Soldaten, wir schicken euch in den Krieg, je mehr ihr von den anderen erledigt, umso besser.«

Oder aber: »Wir schicken euch auf eine humanitäre Mission. Euer Erfolg wird an der zu reduzierenden Säuglingssterblichkeit gemessen, an der Anzahl der Kinder, die einen Schulabschluss erreichen, an den Litern Frischwasser, die aus euren neu gebohrten Brunnen strömen.«

Wir wussten nicht, wohin wir geschickt wurden in den Anfängen dieses Afghanistaneinsatzes. Und alles, was wir heute mit Sicherheit wissen, ist, dass es gefährlicher geworden ist und dass man dabei draufgehen kann.

Ob wir damit unser Vaterland retten, scheint von politischer Seite nicht ganz geklärt zu sein, auch nicht, ob es überhaupt von Afghanistan aus bedroht ist oder je war. Die Brunnen, die wir dort gebohrt haben, sind spärlich und versanden immer wieder. An den Schulen ändert es kaum etwas, ob die Schüler an kleinen deutschen Tischen sitzen oder auf dem Boden wie früher. Einheimische Patienten werden operiert und medizinisch versorgt, solange der sie behandelnde Arzt im Einsatz ist. Fliegt er heim, kommt der nächste, und vielleicht setzt er die Arbeit fort, vielleicht aber hat er einen anderen Schwerpunkt. Vielleicht hat er einfach nur Angst, das Lager zu verlassen, weil sein Ziel ist, selbst gesund nach Hause zurückzukehren. In manchen Waisenhäusern tragen die Kinder jetzt Klamotten von C&A. Das Fleisch auf dem Markt wird gelegentlich in Flugblätter von OpInfo, der Truppe für Operative Information, eingewickelt.

Aber sonst? Was haben wir erreicht, was haben wir verändert?

Maulwurfshügel haben wir errichtet, anstatt Berge zu versetzen. Maulwurfshügel, in denen wir uns verstecken. Maulwürfe sind ja bekanntlich blind.

Und haben wir überhaupt Terroristen bekämpft? Haben wir Taliban getötet? Das war doch gar nicht der Auftrag. Oder doch? Ist er es heute? Jetzt, nach der jüngsten Afghanistankonferenz? Und wenn, führen wir ihn aus? Könnten wir das überhaupt? Woher wissen wir denn eigentlich, wer dort Taliban ist und wer nicht? Ich sag es mal ganz platt: Die Afghanen sehen für uns alle gleich aus. So wie für die Amerikaner im Vietnamkrieg ein Vietkong aussah wie der andere, sich im Koreakrieg die Koreaner glichen wie ein Ei dem andern, so wie wir Europäer für die Indianer Amerikas auch alle gleich aussahen. Bleichgesichter.

Woher wissen die Bleichgesichter, wer ein Taliban ist und wer nicht?

Klar ist, dass gestorben wurde für das, was das Ziel dieses Einsatzes ist. Was auch immer es ist. Auch klar ist, dass Menschen verletzt wurden an Leib und Seele. Nicht alle natürlich, nicht jeder Einzelne. Aber doch in einer solchen Anzahl, dass sie eine gute Begründung verdienen, ja verlangen dürfen. Aber die bekommen sie nicht.

Wie also soll der Soldat damit umgehen?

Natürlich genau so, wie es in diesem Bericht, der den Lektor nicht berührte, geschehen ist. Genau so. Unberührt, sachlich, ohne Emotionen, pragmatisch, nüchtern, ernsthaft, beseelt von Loyalität und Pflichterfüllung. Angst und Gefahr spielt man herunter, konzentriert sich auf die für einen selbst schönen Seiten des Einsatzes, zieht sich zurück auf die humanitäre Idee des Helfenwollens, macht es ertragbar, erlebbar.

Wie denn auch sonst, verdammt nochmal? Verbittert? Das schadet nur einem selbst. Von dem Wunsch getrieben, »auspacken«, abrechnen zu wollen? Wozu sollte das gut sein.

Selbst der Krieg, den man führt, weil man daran glauben darf, dass man damit sein Land, seine Familie, seine Kinder beschützt, selbst der ist für den gemeinen Soldaten schwer zu ertragen und kann ausreichen, ihn zu zerbrechen, und er muss sich die Frage gefallen lassen, ob er vielleicht den falschen Beruf gewählt hat.

Wie aber erst ein Krieg, der offiziell keiner ist, den man nicht so nennen darf, der sich aber genau so anfühlt? In dem man seine Freunde vor seinen Augen verrecken sieht und nicht einmal weiß, warum und wofür? Da hilft doch nur äußerste Nüchternheit und allergrößte innerliche Distanz, oder man geht daran zugrunde.

Was nicht heißt, dass man nichts fühlt. Man muss sich nur eine Attitüde zulegen. Eine Positur wie im Ballett, eine Haltung, in der es gelingt, durchzuhalten, Selbstbeherrschung, Geduld, Gelassenheit und Toleranz aufzubringen. Sich abschotten.

Was anstrengend ist und die Frage aufwirft, woher man die Kraft dafür nimmt.

Heute Morgen fuhr ich meinen Sohn in die Schule. Es ist der erste Schultag des neuen Schuljahres und das erste Jahr, in dem nur noch er als Einziger von seinen Geschwistern zur Schule geht. Mit meinem Zweitjüngsten, der vor Weihnachten den Highschool-Abschluss machte, habe ich nun glücklich vier Kinder durch die Schule gebracht.

Er tat mir leid, wie er so allein zum Bus traben wollte, und ich bot ihm an, ihn zu fahren. Letztes Jahr nahm ihn sein Bruder oft im Auto mit, und das behagte ihm sehr. Nicht dass er sich beklagt hätte, meine Kinder sind nicht nur sehr selbständig, sie sind auch anspruchslos und rücksichtsvoll. Sie haben gelernt, dass das Leben nicht nur Sahneschnittchen bereithält. Dankbar lächelte er mich an, und so fuhr ich ihn gerne.

Ansonsten hätte mich heute Morgen nichts dazu bewegen können, die Sicherheit meines häuslichen Refugiums aufzugeben. Heute Morgen war es schlimmer gewesen als sonst. Ich habe oft schlechte Nächte. Ich wache mehrmals auf, wälze mich hin und her, träume merkwürdig und bedrohlich und wache morgens schweißgebadet auf. Mal mehr, mal weniger.

Der Gedanke, den mir die Krankenschwestern in der Notaufnahme des Krankenhauses, in dem ich arbeite, immer lachend vorschlagen, wenn sie morgens meine Augenringe kommentieren, das seien wohl die Wechseljahre, scheint mir falsch. Ich lache mit ihnen, aber tief in mir weiß ich, das ist nicht der Grund für mein Unwohlsein, mein Unbehagen, mein Unrundsein.

Das sich nicht nur in den Schlafstörungen äußert. Sehr oft, wenn ich morgens aufwache, fühle ich mich einfach schlecht. Dieses Gefühl ist wie eine Mischung aus Magenverstimmung mit einem Druck irgendwo in der Mitte des Körpers und Wetterfühligkeit, wenn das Wetter umschlägt und Knochen, die man früher einmal gebrochen hatte, nach Jahren noch dieses leise, nur beinahe schmerzhafte Ziehen produzieren.

Heute Morgen war es schlimmer als sonst. Ich überlegte, ob ich weinen könnte, es ging nicht. Was es schlimmer machte und den Druck in mir erhöhte. Ich war wie zerschlagen und völlig schlapp, überlegte, ob ich eine Erkältung bekommen würde. Im Grunde weiß ich, es ist weder das, noch sind es die Wechseljahre. Es fing irgendwann während der Zeit meiner Afghanistaneinsätze an, so schleichend, dass ich es anfangs kaum bemerkte und den Zeitpunkt nicht genau datieren kann.

So wie ich es auch heute noch tue, habe ich wohl auch damals nach anderen Gründen gesucht für meine gelegentlichen Verstimmungen, und da gibt es für eine berufstätige Mutter mit großem Haus und Garten ja eine Menge, was vorstellbar wäre.

Auf dem Rückweg von der Schule überlegte ich, ob ich es schaffen könnte, mich auch noch zum Einkaufen zu bewegen, da ich ja nun ohnehin in der Stadt war. Ich wusste, dass der Kaffee alle war. Ich bin eine passionierte Kaffeetrinkerin, aber ich beschloss, nicht einmal dafür könnte ich mich jetzt in den Supermarkt unter all die Menschen begeben, die lachen und sehr freundlich sein würden, wie man in diesem Land eben so ist. Ich würde es nicht ertragen können.

Ich wollte einfach nur schnell wieder heim. Da war noch ein Rest verklebten Pulverkaffees in einer alten Dose, das wusste ich. Das würde genügen müssen. Diesen Rest würde ich mir anrühren, mich mit der Tasse hinter das Haus setzen, dem Gezwitscher der Vögel und dem Zirpen der Grillen im Busch zuhören, dabei eine Zigarette rauchen, und dann würde es mir bald bessergehen.

So ist es in der Regel. Es ist nur morgens so schlimm. Im Laufe des Tages, wenn ich aktiv bin, Dinge tue, arbeiten gehe, Freunde treffe, dann wird es besser, und abends ist es meistens gut. Bis ich dann schlafen gehe, dann fängt alles wieder von vorne an.

Ich weiß, wie sich das anhört. Man darf nicht vergessen, ich bin Ärztin. Natürlich zeugt das davon, dass ich Erlebnisse und Gefühle verdrängt und nicht verarbeitet habe. Sie tauchen nachts auf, wenn ich mich nicht wehren kann, weil ich schlafe und einen Teil meines Bewusstseins ausgeblendet habe. Dann attackieren sie mich, greifen mich aus meinem Unterbewusstsein heraus an, sind morgens noch spürbar, werden dann schwächer und verblassen schließlich unter den Ablenkungen des Tages.

Ja, ich weiß das alles, und ich habe vieles versucht. Ich will mich ja dem allem stellen, und das habe ich getan, nicht nur allein, sondern auch mit professioneller Hilfe. Ich verstehe auch schon ganz viel. Mit dem Verstand.

Nur, da ist etwas Wesentliches, das ich noch nicht umzusetzen vermag. Mit meinem Kopf verstehe ich es, aber den Weg in mein Herz, den Weg zu meinen Gefühlen, meiner Seele, wenn man so pathetisch sein will, den hat dieses Etwas noch nicht gefunden.

Eine Freundin, mit der ich gemeinsam in Afghanistan war, sie schrieb mir nach langer Zeit wieder lange E-Mails. Ich hatte die ganze Zeit über gedacht, dass es ihr gut gegangen sei. Ich kenne das von meinen Kindern, keine Nachrichten sind gute Nachrichten. Wem es gutgeht, wer mit jeder Faser lebt, der schreibt keine langen Mails.

Ich hatte mich geirrt. Es war ihr nicht gutgegangen nach ihren Auslandseinsätzen, auch sie hatte professionelle Hilfe gesucht. Wobei man ein Posttraumatisches Stresssyndrom diagnostiziert und die denkwürdigen Worte zu ihr gesprochen hatte: »Wir müssen das entpathologisieren.« Stimmt. Richtig. Aber doch nicht so! So funktioniert das doch nicht.

Und es funktioniert auch nicht so, wie ein Kamerad mir schrieb, mit dem ich zusammen in Kabul war. »Kann oder will es keiner verstehen? Ich habe mich Donnerstagabend freiwillig über Nacht in die Psychiatrie begeben, da ich es zu Hause nicht mehr ausgehalten habe. Dort habe ich meine Ängste kundgetan, dass ich nachts im Dunkeln Probleme habe, mit fremden Menschen in einem Zimmer zu schlafen. Es gab ellenlange Diskussionen. Am nächsten Morgen durfte ich mir bei der Oberarztvisite anhören, was mir einfällt, ein Einzelzimmer zu fordern. Auch wenn ich Probleme mit dem Einsatz hätte, gäbe es keinen Grund, dass ich mich nicht an Regeln halte.«

Er hatte sich dann selbst entlassen, war nach Hause gefahren und schrieb mir: »Ich verliere immer mehr das Vertrauen in professionelle Hilfe.« Nein, so funktioniert das nicht, so bahnt man keinen Weg vom Kopf zum Herzen. Das geht nicht mit Verstand allein und auch nicht mit Regeln.

Und Verstand haben wir Soldaten ja. Den müssen wir haben, würde man uns sonst Waffen anvertrauen und Wehrmaterial in Millionenhöhe und uns damit auf Missionen in andere Länder schicken?

Wir sind auch nicht generell naiv, wie es mir in vielen Reaktionen und Kommentaren auf mein erstes Buch immer wieder vorgeworfen wird. Nicht, dass es mir jemand persönlich gesagt oder geschrieben hätte. Viele tausend Mails und Briefe habe ich bekommen – sie sind alle positiv. Die, die kritisieren wollen, tun das nicht persönlich, sie tun es, teilweise anonym, in irgendwelchen Internetforen, wo es leicht ist, zu sagen: »Oberstabsarzt Groos und ihresgleichen, die sind doch naiv. Werden Soldat und wundern sich, wenn es in den Krieg geht, sie unterschreiben bei der Bundeswehr wegen der sozialen Sicherheit, und wenn es dann brenzlig wird, jammern sie.«

Naiv finden sie das. Mag sein, dass es naiv ist. Mag sein, dass es naiv ist, an das Gute im Menschen zu glauben. Wenn es das ist, dann will ich gerne naiv sein und bleiben. Denn so habe ich es immer gesehen, jeder versucht doch immer, sein Bestes zu geben, wobei das jeweils Beste natürlich sehr unterschiedlich und von der Tagesform abhängig sein kann.

Abraham Lincoln sagt: »Es gibt nichts Gutes am Krieg, von seinem Ende einmal abgesehen.« Natürlich gibt es nichts Gutes am Krieg. Ebenso natürlich ist man als Soldat darauf vorbereitet, eben doch in denselben zu ziehen, und sei es nur, damit er beendet wird.

Klar ist, dass immer irgendjemand von Kriegen profitiert. Krieg ist ein Geschäft. Nur, wer ist hier der größte Profiteur? Der kleine Soldat wohl kaum. Dass man dort Schreckliches erleben wird, ist auch klar.

Was nicht klar für mich war, sind die Unehrlichkeit und die Undurchschaubarkeit, die Heuchelei, die den Afghanistaneinsatz nach ganz kurzer Zeit kennzeichneten. Unklar war mir, dass anscheinend wirklich niemand genau weiß, warum wir dort sind. Wenn sie es wissen, so sagen sie es uns jedenfalls nicht. Ein richtiger Bündnisfall scheint es nicht zu sein, ein humanitärer Einsatz ist es ebenfalls nicht, nicht mehr. Von einem »friedensbewahrenden Einsatz« wurde es umetikettiert in einen »friedenschaffenden Einsatz«, was das ist, wurde nicht näher erklärt. Am Anfang war es einfach nur ein internationaler Auslandseinsatz für uns, dann wurde es ein NATO-Unternehmen und wir bekamen die NATO-Medaille. Geändert hat sich dadurch nichts an unserem täglichen Leben in Kabul im Lager.

Seit dem achtzehnten Geburtstag meines zweitjüngsten Sohnes ist es ein bewaffneter Konflikt. Nicht, dass es etwas mit meinem Sohn zu tun hätte. Es war nur der gleiche Tag, an dem von unserem neuen Vizekanzler diese Regierungserklärung abgegeben wurde. Er sprach davon, dass die Pläne der Bundesregierung unverändert ab 2011 den Beginn einer Truppenreduzierung vorsehen. Er erntete Applaus dafür. Den Soldaten sprach er Dank und Anerkennung aus. Ich lasse das einmal hier so stehen. Es ermüdet mich.

Die Einzige übrigens, die ehrliche Kritik an mir übte, war eine Freundin, mit der ich gemeinsam in Feyzabad war. Sie schrieb mir: »Es kotzt mich an, euer kollektives Selbstmitleid.« Ich war nicht beleidigt, war nicht böse auf sie. Ich verstand, was sie meinte.

Und das muss man ja fairerweise sagen, natürlich gibt es viele Soldaten, die scheinbar, das kleine Wort kann ich mir doch nicht verkneifen, unberührt und unbeschädigt aus den Auslandseinsätzen nach Hause zurückkehren. Zum Glück gibt es sie. Sie sind es doch, die uns Halt und Hoffnung geben. Wenn es niemand aushalten könnte, wohin sollte es mit unserem Land kommen?

Er ist mir immer zu platt gewesen, dieser Satz der Friedensbewegung: »Stell dir vor, es ist Krieg und keiner geht hin.« Das ist ungefähr so, wie in der Liebe immer auf den Traumprinzen zu warten. Ich glaube daran, dass es Armeen geben muss auf der Welt. Dass es sie geben muss, damit wir sie nicht benutzen müssen. Und dann ist es gut, dass es Männer gibt und Frauen, die so stark sind und so tapfer, dass sie diese Aufträge, die von den Politikern an die Soldaten verteilt werden, ausführen können, ohne daran Schaden zu nehmen.

Nur, dass sie sich dabei nicht verändern, das kann ich nicht glauben.

Aber ich verliere mich. Vielleicht ist es bezeichnend für mein Leben, momentan und überhaupt seit langem. Ich verliere mich, verliere mich in Gedanken, Gefühlen, verliere mich an sich. Und ich verbrauche sehr viel Kraft dafür, es nicht zu tun.

Es ist anstrengend und erfordert Disziplin. So wie jetzt, wo ich mich konzentrieren und zu heute Morgen zurückkehren will, um weiterzuerzählen.

Ich hatte also meinen Sohn zur Schule gebracht, der Supermarkt liegt direkt auf dem Heimweg, und pflichtbewusst überlegte ich, ob wir außer meinem Kaffee noch etwas anderes, Wesentliches brauchten, das den Einkauf unumgänglich machte. Der Tiefkühlschrank ist voll, Toilettenpapier hatte ich erst kürzlich gekauft, Waschpulver auch, nein, ich dachte, wir könnten überleben, auch wenn ich nicht einkaufe. Dann fiel mir ein, dass die Milch alle war. Sofort waren alle Überlegungen, mich zu drücken, hinfällig. Mein Sohn braucht Milch, er isst morgens immer Müsli.

Ich fuhr einkaufen, seufzend, ungern, aber ich tat es. Es war gar keine Frage. Auf den geliebten Kaffee hätte ich zur Not verzichten können, aber wenn die Kinder etwas brauchten, dann war das eine ganz andere Sache, dann hatte ich die Kraft, dann konnte ich es.

Als ich dann daheim mit meinem Kaffee saß, den ich natürlich auch gekauft hatte, dachte ich darüber nach. Diese kleine Episode scheint mir nicht nur die Frage zu beantworten, die mir nach der Veröffentlichung meines Buches am häufigsten gestellt wurde. »Frau Groos, wie konnten Sie das tun, als Mutter von fünf Kindern nach Afghanistan zu gehen?«

Die Antwort darauf ist glasklar, war es immer: Genau wegen dieser Kinder hatte ich das tun müssen. Nicht nur, damit sie versorgt sind, das auch. Aber mehr noch, damit sie lernen, dass man immer sein Bestes geben muss und dass man sich nicht drücken darf. Dass man aufrecht gehen und stehen muss, dass, wenn es feststeht, dass man etwas tun muss, nichts dagegenspricht, es gut zu machen.

Aber sie scheint mir auch ein Grund dafür zu sein, warum ich nicht aufgabe, warum ich im Gegensatz zu vielen Kameraden nicht stationär in der Psychiatrie war und keine Medikamente nehme.

Bei einem Radiointerview wurde ich einmal gefragt: »Frau Groos, woher nehmen Sie Ihre Kraft? Wie kommt es, dass Sie immer weitermachen?« Ich konnte nicht so schnell nachdenken, wusste es nicht genau. Und so hatte ich nur geantwortet: »Da scheint tief in mir eine kleine Flamme zu sein, die brennt und brennt, mal stärker, mal schwächer, aber sie will anscheinend einfach nicht ausgehen.«

Es scheint, als ob meine Kinder diese Flamme nähren, so dass sie nicht ausgehen kann. Auch Freunde nähren diese Flamme, und so nähere ich mich vielleicht langsam der Antwort auf die Frage, wie man Dinge vom Kopf zum Herzen transportieren kann.

Meine sehr gute, liebe Freundin war aus Deutschland zu Besuch gekommen. Wir sind Muscheln suchen gegangen. Es war ein wunderbares Fleckchen Erde, das wir dafür gefunden hatten. Eine kleine weiße Holzkirche steht dort auf einer Landzunge, umgeben von saftigem grünen Gras, und der Übergang zum Wasser besteht aus braunen, zerklüfteten Felsen, an denen man sich die Füße aufschneiden würde, trüge man nicht die landesüblichen Flipflops. Vor der Kirche graste ruhig ein wildes Pferd, was kein Gegensatz ist in diesem Land. Es lebt eben dort und ist an die Menschen gewöhnt, scheint sich nicht direkt über sie zu freuen, aber betrachtet sie mit einer gewissen Nachsicht. Legte sich ins Gras, um auszuruhen, ließ sich von den wenigen Kindern streicheln, stand dann wieder auf, fing an zu grasen und machte bald klar, dass es genug von den Menschen hatte, indem es sich abwendete, einem das Hinterteil mit dem zerfledderten Schweif zudrehte und davonschlenderte, vollkommen gelassen.

Diese Gelassenheit breitete sich auch in uns aus. Wir redeten weniger und weniger, nahmen die salzige Luft wahr, das leise Geräusch der bei Ebbe nur ganz sanft auf- und abschwellenden Brandung, die vereinzelten Schreie der Möwen in der Luft. Wie das Pferd hatten auch sie keine Angst vor uns, setzten sich ganz in unserer Nähe auf die Felsen, taten nichts, saßen einfach nur da. Waren da, lebten einfach.

Und auch dieses Gefühl schaffte sich in uns Raum. Wir verloren uns aus den Augen, meine Freundin war oben am Rand geblieben, da, wo das Treibgut bei der letzten Flut angeschwemmt worden war, bewegte sich dort Schritt für Schritt, die Augen auf den Boden gerichtet auf der Suche nach der schönsten, der vollkommenen Muschel.

Schon oft hatten wir darüber gelacht und uns daran erinnert, dass wir gelegentlich auch mal nach oben sehen sollten, auf das Meer und den Himmel, einfach nur, weil er da ist und wir das Glück haben, in Neuseeland, diesem wunderbaren Flecken Natur, einem der letzten Paradiese dieser Erde, wie es heißt, weilen zu dürfen.

Und so sah ich manchmal hoch. Sah auf das Meer, in den Himmel, der bewölkt war an diesem Tag, aber dennoch so großartig, wie er in seinen Grauschattierungen und den schnell vorüberziehenden Wolken die Bucht, in der sich rechts und links der dunkelgrüne Busch bis ans Meer hinunterzieht, überspannte, um am Horizont mit dem ebenfalls grauen, nur etwas glitzernden Meer fast übergangslos zu verschmelzen.

Irgendwann kam meine Freundin auf mich zu und sagte: »Ich kann nicht mehr. Der Rücken tut mir weh, ich bin total kaputt.« Ihr Gesicht strahlte dabei, und sie fügte hinzu: »Aber schön war es, so schön. Und ich glaube, wir haben unser Reiseziel für heute erreicht, oder?«

Auch das ist gut an einer Freundin. Es war ganz klar, wir brauchten gar nicht mehr darüber zu reden. Es war vollkommen egal, wohin wir eigentlich an diesem Tag noch hatten fahren wollen. Wir hatten das Beste schon gehabt. Wir hatten uns gespürt, hatten gelebt mit jeder Faser, hatten alles andere ausgeblendet, waren ganz wir gewesen.

Voller Freude und staunend betrachteten wir die Ausstellung unserer Fundstücke im Kofferraum und auf der Motorhaube und überlegten, was wir alles damit tun könnten. »Obwohl«, so sagte meine Freundin, »das Finden ist eigentlich das Beste daran.« Und ich dachte und ich sagte es ihr, eine der besten Sachen auf dieser Welt ist es, eine gute Freundin zu haben.

Weil es Dinge vom Kopf zum Herzen transportiert.

So wie es alle diese Berichte bei mir getan haben, die in diesem Buch nun abgedruckt sind. Sie alle haben bei mir etwas bewirkt. Sie haben mich fühlen lassen, was vorher nur mein Kopf gewusst hatte. Ich bin nicht allein.

Und dass dieses Bedürfnis, nicht allein zu sein, überhaupt da ist und existiert, zeigt, wie schwierig dieser ganze Afghanistaneinsatz mit all seinen Facetten für uns zu bewältigen ist. Es zeigt, dass da eine Situation geschaffen wurde, die neuartig ist in ihrer Bedeutung wie in ihrer Ausführung, in politischer wie auch in menschlicher Hinsicht. Und um Menschen geht es dabei doch, oder nicht? Es geht doch immer um die Menschen auf der Welt. Oder das sollte es jedenfalls.

Eine so große Anzahl von Bürgern ist hier involviert, fühlt sich betroffen, und zugleich gibt es so viele, die nichts wissen, die keine Informationen haben. Menschen nicht nur aus Deutschland übrigens, Berichte und Reaktionen von Menschen aus allen möglichen Ländern haben mich erreicht. Sie alle nehmen nicht nur großen Anteil an unserem persönlichen Erleben, sie alle fragen sich auch, was tun wir eigentlich dort in Afghanistan? Und warum? Und vor allem: Wie?

Ich habe keine Antworten, habe keine Lösungen. Was ich einfordere, ist, dass wir korrekte und ausreichende Informationen bekommen. Die wir einfordern müssen, die wir aber auch einfordern dürfen. Damit wir ins Gespräch kommen, damit wir uns eine Meinung bilden können. Damit für Afghanistan, das Land, dem wir so zwiespältig gegenüberstehen wie wohl noch nie zuvor einem anderen Land, wieder Hoffnung entstehen kann. Damit ein sinnvolles Konzept erschaffen werden kann, und damit die politische Diskussion nicht mehr über die Köpfe der Soldaten, derer, die davon betroffen sind, hinweggeht.

Damit unsere Kameraden, Freunde, Ehemänner und Söhne nicht umsonst gestorben sind.

Damit der Schleier, der wie eine blaue Burka über diesem Afghanistaneinsatz hängt, endlich gelüftet wird.

Ein Leser meines Buches schickte mir die folgenden Worte, die ich zu schade finde, um sie nur für mich zu behalten. Ich gebe sie weiter an alle Soldaten, die in Afghanistan waren, gerade dort sind oder noch dorthin gehen werden.

Denen, die noch gehen werden, wünsche ich von Herzen Soldatenglück, wie wir sagen. Jeder kann sich vorstellen, was wir darunter verstehen.

Alter irischer Segen

Segen sei mit Dir
und innen in Deinem Herzen
Sonnenschein leuchte Dir
und erwärme Dein Herz
bis es zu glühen beginnt wie ein großes Torffeuer
und der Fremde tritt näher, sich daran zu erwärmen.

Aus Deinen Augen strahle gesegnetes Licht
wie zwei Kerzen aus den Fenstern eines Hauses
die den Wanderer locken, Schutz zu suchen
dort drinnen vor der stürmischen Nacht.

Möge Dein künftiger Weg Dir freundlich entgegenkommen
Wind Deinen Rücken stärken
Sonnenschein Deinem Gesicht viel Glanz und Liebe geben
der Regen möge sanft Dir Deine Felder tränken
und Gott halte Dich schützend in seiner Hand.

Splitter

Es gibt nichts Gutes / außer: Man tut es.
Erich Kästner

Es muss irgendwie weitergehen

Liebe Heike,

ich trinke auch gerade Wein. Du hast recht, manchmal braucht man das. Ich habe heute Morgen eine ganze Kompanie in den Einsatz nach Afghanistan verabschiedet. Es sind so viele Leute dabei, die mir sehr am Herzen liegen. Es waren auch wieder einige von damals dabei. Eigentlich hätte ich auch dabei sein sollen, aber nun gehe ich erst später wieder runter.

Vorgestern ist ein Norweger aus unserem Umfeld unten im Einsatz gefallen. Morgen ist die Verabschiedung. Na, mal sehen.

Ich hoffe, dass denjenigen, die Schreckliches erlebt haben, geholfen wird, aber ich bin genauso über jeden froh, der es geschafft hat. Sicher habe ich im Gegensatz zu den anderen nur einen kleinen Teil selbst erlebt. Aber es muss irgendwie weitergehen. Bei dem einen dauert es länger als bei dem anderen. Ich kenne sehr viele von dem Anschlag damals, denen es inzwischen wieder gutgeht. Sicher ist dieser Tag nicht vergessen, aber sie haben gelernt, ein vernünftiges Leben zu führen. Ich glaube, das ist am wichtigsten.

Und die Politik?

Es ist ein Scheißgefühl, wenn man von denen nur als Spielball benutzt wird. Jeder von denen interessiert sich nur für seine eigenen Interessen, aber niemand interessiert sich für das Wohl der Soldaten dort unten. Das ist schon ein tolles Gefühl, wenn man Tausende Kilometer fernab seiner Heimat einfach nur benutzt wird. Wie hat der eine Hauptfeldwebel den Gefechtsfeld-Touristen und dem Kamerateam erzählt, und das auch noch kurz nach einem Gefecht: »Wie wär's, wenn ihr euch selbst einen Helm aufsetzt, eine Waffe schnappt und mitkämpft? Dann wüsstet ihr, dass eure Debatten so dermaßen sinnlos sind. Ihr hättet einfach nur Angst!« Was soll's. Wir hatten das Thema heute im Dienst. Deswegen komme ich drauf.

Nach meiner Lehre und zwei Jahren Berufserfahrung ging ich am 1. Januar 2004 zur Bundeswehr. Ich erinnere mich noch genau an das Gespräch damals am Zentrum für Nachwuchsgewinnung, zwei Tage nach dem Busanschlag im Juni 2003. »Wenn ihr euch für diesen Beruf verpflichtet, müsst ihr auch damit rechnen, dass ihr in der Kiste nach Hause kommt. Sicher habt ihr den Vorfall aus Kabul am Wochenende in den Nachrichten gesehen!« Das waren krasse Worte damals, aber sie drangen nicht wirklich zu mir durch. Ich war fest davon überzeugt, das Richtige zu tun.

Inzwischen war ich zweimal im Einsatz, fast sieben Monate im Libanon und vier Monate in Afghanistan. Unser Einsatz dort wurde durch einen Selbstmordanschlag auf unsere Jungs über- schattet. In den Medien wurde der Vorfall »Erinnerung an einen schwarzen Tag« genannt. Dieser Tag dort unten bleibt wirklich unvergessen. Ich erhielt damals den Anruf vom Anschlagort. Von da an funktionierte ich nur noch. Wir warteten die Landung der Hubschrauber ab, in dem die Verletzten waren. Erst spät am Abend durften wir ins Hospital. Eines der Opfer war schwerst- verletzt. Ich sah, wie er gerade aus dem OP gefahren wurde. Der andere war leicht verletzt. Der Tag war endlos. Ich kann nur von mir sprechen, aber ich bin bis spät in die Nacht herumgelaufen.

Nach dem Antreten am nächsten Morgen ging ich zum Gottes- dienst am Gedenkstein. Ich kam mir vor wie in einem Film. Der Kommandeur erwähnte in seiner Ansprache etwas über einen feigen Anschlag auf unsere Soldaten. Ich hörte ihm gar nicht zu, war die ganze Zeit in Gedanken. Fragte mich, wie die beiden die letzten Stunden verbracht haben. Die beiden haben an diesem Tag dort draußen schreckliche Dinge erlebt, und wir sind die ganze Zeit hier gewesen und konnten ihnen nicht helfen. Wie nennt man das noch gleich – ach ja, richtig, hilflos. Mir lief zum ersten Mal an diesem Tag eine Träne übers Gesicht.

X., der gestern Dein Buch mitgebracht hatte, erzählte mir heute seine Sicht. Er sagte, er hätte damals vor dem Einsatz, bei dem er selbst leicht verletzt wurde, ein langes Gespräch mit einem der Getöteten vom Anschlag gehabt. Dieser sagte zu ihm, dass er diesen Einsatz machen würde, um in seiner Karriere als Offizier weiterzukommen. X. versuchte, ihm davon abzuraten, wegen der Familie usw. Und dann kam wieder dieser bekannte Satz: »Wenn du zu Hause bist, trinken wir einen. Pass auf dich auf und komm wieder heil nach Hause!« Und er verabschiedete sich in seinem typischen Dialekt.

Ich weiß nicht, warum die Jungs immer mir ihre Geschichten erzählen. Ich höre wirklich sehr gerne zu. Aber es sind eben sehr viele Eindrücke. Heute hat mir ein Stabsfeldwebel nebenbei beim Kaffee erzählt, dass vor seinem Fahrzeug damals ein Taxi auf ein IED gefahren und explodiert ist. Das Schlimme ist, dass das alles mit der Zeit normal wird.

In Bezug auf die Verluste stumpft man irgendwann ganz schön ab. Wenn ich die Leute nicht kenne, lässt es mich inzwischen kalt. Anders kann ich in meinem Job leider auch nicht funktionieren. Es ist komisch. Teilweise ist man so abgebrüht.

Es war im letzten Jahr im Januar, als sich elf Selbstmordattentäter am gleichen Tag in Kabul in die Luft gesprengt haben. Wir hatten Angst um unsere Leute, von denen sich die meisten zu der Zeit dort aufhielten. Es ist ihnen nichts passiert. Am nächsten Tag habe ich die Bilder von den Anschlagorten bekommen. Obwohl die Überreste der Attentäter nicht gerade schön anzusehen waren, waren sie mir egal. Es ist nur traurig, dass sie inzwischen auch nicht mehr vor Kindern haltmachen und sie mit in den Tod reißen. Bei dem Anschlag, den wir miterlebten, wurde auch ein kleines Kind getötet, einige wurden verletzt.

Ich finde die Geste gut, dass Du jetzt ab und zu in den Himmel grüßt. Denn da sind die anderen auch. Wie war das? Diese vier Soldaten wachen nun über uns und versuchen, uns im Einsatz so gut es geht zu beschützen? Ich muss ehrlich sein. Ich bin seit

Monaten bewusst nicht an dem Gedenkstein gewesen, aber heute habe ich eine lange Zeit dort verbracht.

Ich bin sehr dankbar dafür, dass Du mir schreibst. Lass es Dir gut gehen in der Sonne. Wir sind total eingeschneit. Ja, es tut wirklich sehr gut zu reden.

Ich hoffe, es geht euch gut und ihr habt auch heute wieder Sonne. Dieser Winter drückt ganz schön auf die Stimmung. Was soll's. Neuseeland ist bestimmt sehr schön. Ich bin ganz schön neidisch. Außer darüber, dass ihr auf der falschen Seite fahrt.

Aber irgendwas ist ja immer :-)

Liebe Grüße
Deine ...

Im Gedenken an die Gefallenen